W0401200

Norbert Möhn / Thomas Rohm / Hermann Wilmes
Schriftliche Arbeiten im Geschichtsunterricht

Hermann Wilmes (Hrsg.)

Schriftliche Arbeiten im Geschichtsunterricht

Aufgaben, Materialien, Lösungen

Band 2

Bearbeitet von
Norbert Möhn, Thomas Rohm und Hermann Wilmes

AULIS VERLAG DEUBNER & CO KG

Die Deutsche Bibliothek - CIP-Einheitsaufnahme

Schriftliche Arbeiten im Geschichtsunterricht : Aufgaben, Materialien, Lösungen /
Hermann Wilmes (Hrsg.). – Köln : Aulis-Verl. Deubner.

Bd. 2. / Bearb. von Norbert Möhn ... –1998
ISBN 3-7614-1859-0

Best.-Nr. 2129
Alle Rechte bei AULIS VERLAG DEUBNER & CO KG, Köln, 1998
Zeichnungen: Graphik & Text Studio, 93164 Labber-Waldetzenberg
Satz: Punkt für Punkt, Düsseldorf
Druck und Bindung: Druckerei DAN, Ljubljana/Slowenien
ISBN 3-7614-1859-0

Das vorliegende Werk wurde sorgfältig erarbeitet. Dennoch übernehmen Autoren, Herausgeber und Verlag für die Richtigkeit von Angaben, Hinweisen und Ratschlägen sowie für eventuelle Druckfehler keine Haftung.

Inhaltsverzeichnis

Vorwort

Mit dem Band II der Publikation „Schriftliche Arbeiten im Geschichtsunterricht" legen wir weitere 40 in der Schulpraxis erprobte schriftliche Lernkontrollen und Materialien für den Unterricht im Fach Geschichte des Sekundarbereichs I vor. Auch diese Arbeiten sind nach dem vertrauten chronologischen Prinzip geordnet.

Fanden im Band I Themen aus der Urgeschichte, dem Altertum, dem Mittelalter und der Frühen Neuzeit Berücksichtigung, deckt der Band II die Bereiche Neuzeit und Neueste Zeit ab. Somit stehen nun mit dem Erscheinen dieses Buches „Schriftliche Arbeiten" und Materialien für das gesamte Themenspektrum des Geschichtsunterrichts im Sekundarbereich I der Schulen zur Verfügung.

Das vorliegende Buch enthält eine Fülle unterschiedlicher Formen kurzer schriftlicher Lernkontrollen und Materialien. Sie reichen von der Beantwortung mehr oder weniger weit gestellter Fragen bis zur kurzen Darstellung, auch materialgebundene Aufgaben bis hin zu Interpretationsaufgaben sind aufgeführt.

Als Arbeitsmaterialien werden neben Textquellen in großem Umfang Karikaturen, Plakate, Bilder, Karten, Graphiken zur Verfügung gestellt. Somit bietet dieser Band dem Lehrer eine weitere Hilfe, den Geschichtsunterricht noch ideenreicher, adressatengerechter und spannender zu gestalten und die Schülerinnen und Schüler noch intensiver und handlungsorientierter zur historischen Spurensuche anzuregen.

Jede „Schriftliche Arbeit" ist einem Thema zugeordnet und in einen Schüler- und einen Lehrerteil untergliedert. Der Schülerteil umfaßt:
- das Thema,
- die Arbeitsmaterialien,
- die Quellenverweise bzw. Hinweise zum Arbeitsmaterial,
- die Aufgabenstellung.

Die Aufgaben und Materialien sind so formuliert bzw. angeordnet, daß sie dem Schüler unmittelbar vorgelegt werden können. Dieser Teil darf von dem einzelnen Fachlehrer für seinen eigenen Gebrauch in der für die jeweilige Lerngruppe limitierten Anzahl kopiert werden; diese Möglichkeit der Vervielfältigung der Aufgabentexte für die Hand des Schülers wird dem Käufer dieses Buches von Verlag und Herausgeber ausdrücklich gestattet.

Der Lehrerteil umfaßt:
- knapp zusammengefaßt wichtige Lernvoraussetzungen,
- detaillierte Leistungserwartungen zur jeweiligen Aufgabenstellung,
- einen Bewertungsvorschlag,
- Literaturhinweise zur Vertiefung der Thematik.

Da jede Form der Leistungsmessung und -beurteilung entscheidend vom sachstrukturellen Entwicklungsstand der jeweiligen Lerngruppe und dem vorausgegangenen Unterricht bestimmt ist, können die vorgestellten Aufgabenbeispiele, die Materialauswahl, die Leistungserwartungen und die Bewertungsvorschläge nur als Anregungen verstanden werden. Der Fachlehrer wird jeweils auf dem Hintergrund seiner Lerngruppe und ihrer Vorkenntnisse Aufgaben und Materialien formulieren bzw. auswählen müssen.

Dabei will die vorliegende Sammlung helfen. Darüber hinaus kann sie sicher auch in der Alltagspraxis gute Dienste leisten, so z.B. bei der Formulierung von Hausaufgaben und Übungen, aber auch als Arbeitsunterlage für die Erarbeitung im Unterricht. Aufgrund der übersichtlichen Anordnung der Materialien ist auch die Organisation historischer Längsschnitte für den Geschichtsunterricht problemlos möglich.

Dem Verlag sei Dank gesagt für die Veröffentlichung und die gute Ausstattung des Buches. Möge diese Sammlung ausgewählter „Schriftlicher Arbeiten" und Materialien dem Fachlehrer eine praktische Hilfe bieten. Für Anregungen und Beispiele solcher Arbeiten, die der Unterrichtspraxis erwachsen sind und dem Fachlehrer eine geeignete Hilfe sein können, ist der Herausgeber dankbar.

Norbert Möhn
Thomas Rohm
Hermann Wilmes

Arbeitsmaterial:

M 1: Bilder zu Ereignissen der Französischen Revolution vom 20. Juni 1789, 14. Juli 1789, 21. Januar 1793:

Bild 1:...

Bild 2:...

Bild 3:...

M 2: Flugblatt mit dem Titel „Das wird nicht dauern!“

M 3: Die Verfassung von 1791 im Urteil eines französischen Historikers:

„Das Werk der Verfassunggebenden Versammlung ist demnach sehr umfassend gewesen; es erstreckte sich auf alle Bereiche der Politik und Verwaltung, der Religion und Wirtschaft. Frankreich und die Nation sind erneuert und die Grundlagen für die neue Gesellschaft sind gelegt worden. Als Söhne des Zeitalters der Vernunft und der Aufklärung haben die Verfassunggeber ein logisches, klares und einheitliches Gebäude errichtet. Aber als Söhne der Bourgeoisie haben sie die feierlich verkündeten Prinzipien der Freiheit und Gleichheit im Interesse ihrer Klasse abgewandelt. Dadurch riefen sie die Unzufriedenheit der Volksklassen und der Demokraten hervor und ebenso die der Aristokraten und der ehemalig privilegierten Klasse, deren Vorherrschaft gebrochen war. Bevor noch die Versammlung auseinanderging und ihr Werk vollendet war, wurde dies bereits von zahlreichen Gefahren bedroht. Indem sie die neue Nation auf der schmalen Basis der Zensusbourgeoisie aufbaute, setzte die Verfassunggebende Versammlung ihr Werk vielfältigen Widersprüchen aus. Sie war gezwungen, die unversöhnliche Aristokratie zu bekämpfen und mußte auf der anderen Seite das ungeduldig werdende Volk zurückdrängen; damit versetzte sie die bürgerliche Nation in einen Zustand der Unsicherheit und lieferte sie bald dem Kriege aus.“

Quellen:

M 1: Bild 1: *Richter, L.H.*: Eine Stadt macht Geschichte. Paris und die Große Französische Revolution von 1789, Leipzig 1989, S. 77.
Bild 2: ebenda S. 112.
Bild 3: © Archiv für Kunst und Geschichte, Berlin. Entnommen aus *Bickel, W.*: Der Ballhausschwur, in: Praxis Geschichte 1/1989, S. 57.

M 2: *Richter, L.H.*: a a.O. S. 73.

M 3: *Soboul, A.*: Die Große Französische Revolution. Ein Abriß ihrer Geschichte (1789–1799), Frankfurt a.M. 1973, S. 180 f.

Aufgaben:

1.1 Ordne den Bildern (M 1) die entsprechenden Daten zu!
1.2 Erkläre die abgebildeten Ereignisse kurz!
2.1 Beschreibe und deute die Darstellung und den Titel des Flugblattes (M 2)!
2.2 Begründe, warum Flugblätter vor und während der Französischen Revolution ein sehr häufig benutztes Mittel der politischen Propaganda waren!
3. 1 Stelle mit eigenen Worten gegenüber, worin der Autor (M 3) die Stärken und worin er die Schwächen der Verfassung von 1791 sieht!
3.2 Nenne drei Beispiele für wichtige Veränderungen durch die Verfassung von 1791!

Lernvoraussetzungen:

Die vorliegende Arbeit kann an einem markanten und die Aufmerksamkeit der Schüler weckenden Punkt der Französischen Revolution, der Hinrichtung Ludwigs XVI., eingesetzt werden. Im vorangegangenen Unterricht sollten die gesellschaftlichen und politischen Verhältnisse am Vorabend der Revolution sowie der Revolutionsverlauf bis zur Verfassung von 1791 behandelt worden sein. Die Hinrichtung Ludwigs XVI. dürfte auch ohne vorangegangene Behandlung erkannt und chronologisch richtig eingeordnet werden. Zur Bearbeitung der Aufgaben 1 und 2 müssen die Schüler mit der Bearbeitung von Bildquellen vertraut sein.

Leistungserwartungen:

Aufgabe 1.1: Bild 1: 14. Juli 1789
Bild 2: 21. Januar 1793
Bild 3: 20. Juni 1789

Aufgabe 1.2: Bild 1: Erstürmung der Bastille, der Pariser Stadtfestung, die auch als Staatsgefängnis genutzt wurde und als Symbol der königlichen Willkürherrschaft galt. Der Bastillesturm wurde zum Symbol des Sieges der Revolution und zum Datum des französischen Nationalfeiertages.
Bild 2: Hinrichtung König Ludwigs XVI. Nach einem Fluchtversuch war dem König der Prozeß wegen Hochverrats gemacht worden, der nach langen Debatten im Konvent mit dem Todesurteil endete.
Bild 3: Ballhausschwur der Abgeordneten der Nationalversammlung, zu der sich die Vertreter des 3. Standes erklärt hatten, sich nicht vor der Verabschiedung einer neuen Verfassung für Frankreich zu trennen.

Aufgabe 2.1: Das Flugblatt zeigt auf der rechten Bildhälfte einen Bauern, gebeugt von der Last, die er zu tragen hat, gestützt auf eine Hacke, eine gerade erloschene Lampe in der linken Hand und mit gequältem Gesichtsausdruck. Von hinten wird er von zwei Jagdhunden angefallen und von einem Affen mit der Peitsche angetrieben. Auf Stufen erhöht stehen hinter dem Bauern in der linken Bildhälfte in einem Bauwerk mit griechischen Säulen zwei Personen, ein Adliger und ein Kleriker, und schauen zum weggehenden Bauern hin. Sie repräsentieren den 1. und 2. Stand, die als privilegierte Stände von den Abgaben und Diensten der abhängigen Bauern, die die zahlenmäßig stärkste Gruppe des 3. Standes sind, profitieren. Die Fülle dieser Abgaben und Frondienste wird durch die Fülle der Feldfrüchte und Arbeitsgeräte, die den Bauern niederdrückt, symbolisiert. Während dem Bauern das Jagdrecht verwehrt bleibt, lassen die Herren noch ihre Tiere auf den Bauern los.
Der Titel weist auf die Erwartung bzw. Forderung hin, daß die Landbevölkerung sich diese Verhältnisse nicht länger bieten lassen wird. Der Bauer hat sich vom 1. und 2. Stand abgewandt, die Feudalordnung wird in Frage gestellt.

Aufgabe 2.2: Während die politischen Zeitschriften weitgehend intellektuellen Kreisen vorbehalten bleiben, können Karikaturen, Flugblätter und Plakate die Ideen der Revolution auch bei dem großen Teil der Bevölkerung sinnfällig machen, der nicht des Lesens mächtig ist. Sie sind neben den Beschwerdebriefen als leicht zu verbreitende Mittel der politischen Meinungsbildung besonders bei den Bauern, dem größten Teil des 3. Standes, beliebt.

Aufgabe 3.1: Soboul sieht in der Verfassung von 1791 den breiten, von der Aufklärung getragenen Ansatz zur umfassenden bürgerlichen Erneuerung Frankreichs. Als Schwäche kennzeichnet er die eindeutige Ausrichtung auf das vermögende Bürgertum, was die Gegnerschaft sowohl der reaktionären Aristokratie als auch des ungeduldig auf weitere Neuerung drängenden Volkes provozierte und zur Radikalisierung der Revolution beitrug.

Aufgabe 3.2:
- Übernahme der Erklärung der Menschen- und Bürgerrechte in die Verfassung
- Einführung der konstitutionellen Monarchie, der Gewaltenteilung und des Repräsentativsystems
- Bindung des Wahlrechts an das steuerzahlende Bürgertum, Wahl von Richtern und Beamten

Bewertungsvorschlag:

Aufgabe	Anteil an der Gesamtzensur
1.1	10 %
1.2	20 %
2.1	25 %
2.2	15 %
3.1	15 %
3.2	15 %

Literatur:

Fehrenbach, E.: Vom Ancien Regime zum Wiener Kongreß, Oldenbourg – Grundriß der Geschichte Bd. 12, München 1981.
Schmitt, E.: Einführung in die Geschichte der Französischen Revolution, München ^{2}1980.
Schulin, E.: Die Französische Revolution, München ^{2}1989.
Soboul, A.: Die Große Französische Revolution, Ein Abriß ihrer Geschichte (1789–1799), Frankfurt a.M. ^{2}1973.

Arbeitsmaterial:

M 1: Daten und Ereignisse aus der Zeit der Jakobinerherrschaft

Daten:

1. 21. September 1792: ....
2. 20./21. Januar 1793: ....
3. 10. März 1793: ....
4. 6. April 1793: ....
5. 10. August 1793: ....
6. 5. April 1794: ....
7. 28. Juli 1794: ....

Ereignisse:

A: Die republikanische Verfassung wird verkündet und bis nach Kriegsende außer Kraft gesetzt.
B: Robespierre wird hingerichtet.
C: In Paris wird das Revolutionstribunal errichtet.
D: Robespierre läßt Danton und dessen Anhänger hinrichten.
E: Der König wird zum Tode verurteilt und hingerichtet.
F: Der Wohlfahrtsausschuß wird gegründet.
G: Der neugewählte Nationalkonvent tritt zusammen und ruft die Republik aus.

M 2: Politische Gruppierungen im Konvent 1792

A: Vertreter des Besitzbürgertums, Gegner staatlicher Wirtschaftslenkung und revolutionärer Demokratisierung.

B: Bürgerliche Republikaner ohne feste Bindung an eine politische Gruppierung, für die Rettung der Revolution und befristete staatliche Lenkungsmaßnahmen.

C: Vertreter der mittleren Bourgeoisie und der unteren Schichten des Volkes, für die revolutionäre Demokratisierung mit Beschränkung des Privateigentums und der Wirtschaftsfreiheit.

La Montagne (Bergpartei) ca. 120	**Le Marais (Der Sumpf) ca. 430**	**La Gironde (Girondisten) ca. 200**
____	____	____

M 3: Sansculotten

M 3a: Entwurf eines Aufrufs, 1793:

„Ein Sansculotte, Ihr Herren Schufte? Das ist einer, der immer zu Fuß geht, der keine Millionen besitzt, wie Ihr sie alle gern hättet, keine Schlösser, keine Lakaien zu seiner Bedienung, und der mit seiner Frau und seinen Kindern, wenn er welche hat, ganz schlicht im vierten oder fünften Stock wohnt.
Er ist nützlich, denn er versteht ein Feld zu pflügen, zu schmieden, zu sägen, zu feilen, ein Dach zu decken, Schuhe zu machen und bis zum letzten Tropfen sein Blut für das Wohl der Republik zu vergießen.
Und da er arbeitet, kann man sicher sein, weder im Cafe Chartres auf ihn zu stoßen, noch in den Spielhöllen, wo man konspiriert,...
Am Abend tritt er vor seine Sektion, nicht etwa mit einer hübschen Larve, gepudert und gestiefelt, in der Hoffnung, daß ihn alle Bürgerinnen auf den Tribünen beachten, sondern vielmehr, um mit all seiner Kraft die aufrichtigen Anträge zu unterstützen und jene zunichte zu machen, die von der erbärmlichen Clique der Politikaster stammen.“

M 3b: Bild eines Sansculotte

Quelle:

M 3a: *Markow, W., Soboul, A.*: Die Sansculotten von Paris, Berlin 1957, S. 3.
M 3b: *Richter, L.H.*: Eine Stadt macht Geschichte. Paris und die Große Französische Revolution von 1789, Leipzig 1989, S. 84.

Aufgaben:

1. Ordne den Daten (M 1) die Buchstaben der entsprechenden Ereignisse (M 1) zu!
2.1 Trage die Buchstaben der politischen Gruppierungen (M 2) in die entsprechenden Spalten des Schemas ein!
2.2 Erkläre die Begriffe „Jakobiner" und „Girondisten"!
3.1 Erkläre anhand von Text (M 3a) und Bild (M 3b) den Begriff „Sansculotte"!
3.2 Begründe mit Hilfe des Textes (M 3a), welcher politischen Gruppierung im Konvent die Sansculotten am nächsten stehen und welche Ziele sie verfolgen!

Lernvoraussetzungen:

Voraussetzung für die Arbeit ist die intensive Behandlung der Phase der Radikalisierung der Revolution und der Schreckensherrschaft. Die Schüler sollten mit den Ereignissen und Begriffen vertraut sein und auch das Aussehen eines Sansculotte kennen.

Leistungserwartungen:

Aufgabe 1:
1. 21. September 1792: G: Der neugewählte Nationalkonvent tritt zusammen und ruft die Republik aus.
2. 20./21. Januar 1793: E: Der König wird zum Tode verurteilt und hingerichtet.
3. 10. März 1793: C: In Paris wird das Revolutionstribunal errichtet.
4. 6. April 1793: F: Der Wohlfahrtsausschuß wird gegründet.
5. 10. August 1793: A: Die republikanische Verfassung wird verkündet und bis nach Kriegsende außer Kraft gesetzt.
6. 5. April 1794: D: Robespierre läßt Danton und dessen Anhänger hinrichten.
7. 28. Juli 1794: B: Robespierre wird hingerichtet.

Aufgabe 2.1:

La Montagne (Bergpartei) ca. 120 C	Le Marais (Der Sumpf) ca. 430 A	La Gironde (Girondisten) ca. 200 B

Aufgabe 2.2: Die Mitglieder des wichtigsten politischen Klubs der Revolutionszeit, die nach ihrem Tagungsort, dem ehemaligen Kloster St. Jakob, Jakobiner genannt wurden, spalteten sich in einen radikalen Teil, die Bergpartei, und einen gemäßigten Teil, die Girondisten, auf, die nach der Herkunft ihrer Führer aus der Gironde, der Gegend um Bordeaux, benannt wurden.

Aufgabe 3.1 und 3.2: „Sansculotte" ist die Bezeichnung für die Angehörigen des einfachen Volkes, die im Gegensatz zu den Adligen lange Hosen (pantalons) tragen. Die Abbildung zeigt einen Sansculotte (ohne Kniehosen) mit typischer Kleidung, Bewaffnung und der Kokarde, dem Abzeichen der Revolution. Als Passivbürger sind sie mit den Veränderungen der ersten Revolutionsphase völlig unzufrieden und betreiben die Radikalisierung der Revolution und vertreten die Forderung nach völliger Gleichheit. Ihr Sammelpunkt sind die Sektionsversammlungen in Paris, wo Gesetzesanträge an den Konvent formuliert, Massenaktionen vorbereitet und die Nationalgarden organisiert werden. Politisch nahe stehen ihnen im Konvent die Vertreter der Bergpartei, die „Montagnards".

Bewertungsvorschlag:

Aufgabe	Anteil an der Gesamtzensur
1	20 %
2.1	15 %
2.2	15 %
3.1	20 %
3.2	30 %

Literatur:

Petersen, S.: Die große Revolution und die kleinen Leute, Köln 1988.
Schmitt, E.: Einführung in die Geschichte der Französischen Revolution, München ^{2}1980.
Schulin, E.: Die Französische Revolution, München ^{2}1989.
Soboul, A.: Die Große Französische Revolution, Ein Abriß ihrer Geschichte (1789–1799), Frankfurt a.M. ^{2}1973.
Vovelle, M.: Die Französische Revolution, Soziale Bewegung und Umbruch der Mentalitäten, Frankfurt a.M. 1985.

Arbeitsmaterial:

M 1: Stationen auf dem Lebensweg Napoleon Bonapartes

1769:	______	A: Durch Volksabstimmung wird Napoleon „Konsul auf Lebenszeit".
1793:	______	B: Napoleon wird auf Korsika geboren.
1799:	______	C: Napoleons Sturz: Er erhält Elba als Fürstentum.
1802:	______	D: Napoleon steigt zum General der Revolutionstruppen auf.
1804:	______	E: Napoleon wird „Kaiser der Franzosen"
1814:	______	F: Napoleon kehrt nach Paris zurück und wird nach der Niederlage bei Waterloo nach St. Helena verbannt.
1815:	______	G: Napoleon stirbt auf St. Helena.
1821:	______	H: Durch einen Staatsstreich wird Napoleon „Erster Konsul".

M 2: Plakat in Paris, Herbst 1799

„Frankreich will etwas Großes und Dauerhaftes. Die Unbeständigkeit hat es zugrunde gerichtet, es verlangt nach Festigkeit. Es will kein Königtum, dieses ist geächtet worden; aber es will die Einheit der Aktion der gesetzesausübenden Gewalt. Es will eine unabhängige und freie gesetzgebende Körperschaft... Es will, daß seine Vertreter als friedliche Bewahrer, nicht als wilde Neuerer handeln. Es will endlich die Früchte von zehn Opferjahren ernten."

Hinweise zum Material:

M 2: Am 18. Brumaire (= 9. November) stürzt Napoleon Bonaparte unter dem Vorwand, einer Verschwörung der Jakobiner zuvorzukommen, die Regierung der fünf Direktoren und löst das Parlament gewaltsam auf. Nach diesem Staatsstreich übernimmt ein Kollegium von drei Männern mit Napoleon als „Erster Konsul" an der Spitze die Regierung und erklärt die Revolution für beendet. Durch eine Volksbefragung läßt Napoleon die Verfassungsänderung nachträglich gutheißen. Unmittelbar nach dem Staatsstreich erscheint in Paris das Plakat.

M 3: Titelseite der Erstausgabe des „Code civil" oder „Code Napoleon" von 1804

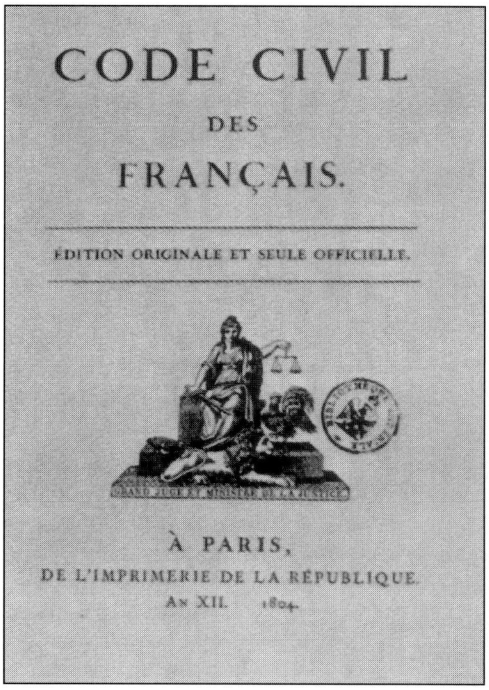

Quelle:

M 2: *Soboul, A.*: Die Große Französische Revolution, Ein Abriß ihrer Geschichte (1789–1799), Frankfurt a.M. 1973, S. 513.
M 3: Cliché Bibliothèque Nationale de France – Paris. *Weis, E.*: Der Durchbruch des Bürgertums 1776–1847. Propyläen Geschichte Europas, Bd. 4. Ullstein Verlag, Berlin, Wien 1982, S. 233.

Aufgaben:

1. Ordne den Jahreszahlen (M 1) die entsprechenden Stationen auf Napoleons Lebensweg (M 1) zu!
2.1 Erarbeite aus dem Text des Plakats (M 2) die Stimmung und Erwartung der Verfasser!
2.2 Finde heraus, welche Bevölkerungsschicht die Verfasser des Plakats repräsentieren!
3. Napoleon betrachtete den „Code civil" oder „Code Napoleon" (M 3) als seine wichtigste Leistung: Erkläre den Begriff, nenne wichtige Inhalte und zeige seine Bedeutung auf!
4. Die Auffassungen über die historische Bedeutung Napoleons für die Französische Revolution gehen auseinander: Für die einen ist er der Vollender der Revolution, für die anderen hat er die Revolution rückgängig gemacht. Nimm Stellung zu diesen Aussagen!

Lernvoraussetzungen:

Grundlage der vorliegenden Arbeit sollte eine eingehende Behandlung der Herrschaft Napoleons und seiner historischen Bedeutung innerhalb der Revolutionszeit sein. Auch die vorangegangenen Phasen der Revolution sollten bekannt sein. Zur Bearbeitung der 1. Aufgabe müssen nicht alle Stationen des Lebensweges erwähnt worden sein. Die richtige Reihenfolge läßt sich auch erschließen.

Leistungserwartungen:

Aufgabe 1:

1769: B: Napoleon wird auf Korsika geboren.
1793: D: Napoleon steigt zum General der Revolutionstruppen auf.
1799: H: Durch einen Staatsstreich wird Napoleon „Erster Konsul".
1802: A: Durch Volksabstimmung wird Napoleon „Konsul auf Lebenszeit".
1804: E: Napoleon wird „Kaiser der Franzosen".
1814: C: Napoleons Sturz: Er erhält Elba als Fürstentum.
1815: F: Napoleon kehrt nach Paris zurück und wird nach der Niederlage bei Waterloo nach St. Helena verbannt.
1821: G: Napoleon stirbt auf St. Helena.

Aufgabe 2.1: Der Verfasser äußert das dringende Verlangen nach gesetzmäßigen, sicheren, friedlichen Verhältnissen. Er ist nicht gegen die Revolution, aber gegen die Begleiterscheinungen der radikalen Phase der Revolution. Entsprechend begrüßt er die Beendigung der Revolution durch den Staatsstreich Napoleons. Er will keine Rückkehr zu vorrevolutionären Verhältnissen, sondern die Stabilität einer gesetzmäßigen Ordnung.

Aufgabe 2.2: Der Verfasser dürfte der Bourgeoisie zuzuordnen sein. Diese profitierte von der ersten Phase der Revolution durch die Beseitigung der Privilegien der Aristokratie, der Schaffung einer Verfassungsordnung, der Beseitigung von Handelsbeschränkungen und der Bindung des Wahlrechts an einen Steuerzensus am deutlichsten.

Aufgabe 3: Das französische Zivilgesetzbuch, der Code Civil, ist so eng mit Napoleon, der das Werk von einer Kommission hervorragender Juristen entwerfen ließ und selbst am Entstehen regen Anteil nahm, verbunden, daß er auch Code Napoleon genannt wird. Trotz zahlreicher Änderungen ist er noch heute in Frankreich gültig. In klarer und einfacher Sprache schreibt der Code Civil Grundgedanken der Revolution fest, wie Gleichheit vor dem Gesetz, Freiheit des Individuums, Freiheit der Arbeit, Freiheit des Gewissens, Schutz des Eigentums, Trennung von Kirche und Staat. Über Frankreich hinaus beeinflußte der Code das Recht vieler europäischer Länder. Napoleon selbst schätzte sein Werk höher als seine über sechzig gewonnenen Schlachten ein.

Aufgabe 4: Vollender der Revolution ist Napoleon für diejenigen, die seine historische Leistung in der inneren Aussöhnung Frankreichs, im Aufbau eines leistungsstarken Verwaltungs-, Rechts- und Bildungssystems sehen, das sich über lange Zeit bewährte. Kritiker Napoleons führen die Herrschsucht, die größenwahnsinnigen Eroberungskriege, die Mißachtung der Verfassung und die Ausschaltung des Parlaments sowie die Bevorzugung des Besitzbürgertums als Negativa an. Einen Rückschritt bedeuten die Maßnahmen Napoleons vor allem für die Befürworter der radikalen Gleichheitsideen der Jakobiner.

Bewertungsvorschlag:

Aufgabe	Anteil an der Gesamtzensur
1	15 %
2.1	15 %
2.2	15 %
3	25 %
4	30 %

Literatur:

Fehrenbach, E.: Vom Ancien Régime zum Wiener Kongreß, Oldenbourg-Grundriß der Geschichte Bd. 12, München, Wien 1981.
Sieburg, F.: Napoleon, München ^{8}1981.
Weis, E.: Der Durchbruch des Bürgertums 1776–1847.Propyläen Geschichte Europas, Bd. 4, Berlin, Wien 1982.

Arbeitsmaterial:

M 1:

Ein Chirurg der französischen Armee notierte am 26. Oktober 1806, wenige Tage nach dem Einzug der Franzosen in Berlin, in sein Tagebuch:

„Eben komme ich aus dem Theater... ich bin so entzückt, daß ich mich von meiner Begeisterung noch gar nicht erholen kann. Der Feind ist in Berlin, Preußen ist erobert, der König ist mit einer erschreckten Armee geflohen, und trotzdem war das Theater gesteckt voll, und niemand schien an sein Vaterland zu denken, den Hof zu bedauern oder sich wegen der Zukunft Sorge zu machen. Man applaudierte... und hauptsächlich beklatschte man das Ballett, das reizend war."

M 2: Auszüge aus dem preußischen Landrecht von 1794, das die Pflichten und Rechte der preußischen Stände (Adel, Bürger, Bauern) festlegte:

I. Adel

§ 1 „Dem Adel, als dem ersten Stande im Staate, liegt ... die Verteidigung des Staates, ... hauptsächlich ob."

§ 35 „Der Adel ist zu den Ehrenstellen [im Staate] ... vorzüglich berechtigt [Offiziere, hohe Beamtenstellen]."

§ 81 „Wer [als Adliger] ... bürgerliches Gewerbe treibt, der wird seiner baldigen Rechte verlustig."

II. Bürger

§ 51 „Personen bürgerlichen Standes können ohne besondere landesherrliche Erlaubnis keine adligen Güter besitzen."

III. Bauern

§ 2 „Wer zum Bauernstande gehört, darf ... weder selbst ein bürgerliches Gewerbe treiben noch seine Kinder."

§ 3 „Kinder untertäniger Eltern werden derjenigen Herrschaft untertan, welcher die Eltern zur Zeit der Geburt untertan waren."

§ 171 „Kinder ... [von Bauern] müssen ... dem Bauernstande ... der Eltern sich widmen."

Hinweise zum Material:

§ 1 „liegt ... ob": ist Pflicht
§ 35 „vorzüglich": bevorzugt, vor allem
§ 81 „wird ... verlustig": verliert
§ 51 „landesherrliche Erlaubnis": Erlaubnis des Landesherrn, Königs
§ 3 „derjenigen Herrschaft": adliger Gutsbesitzer

M 3a: Aus dem Edikt des preußischen Königs vom 9. Oktober 1807

„Wir, Friedrich Wilhelm, von Gottes Gnaden, König von Preußen ... verordnen ... Folgendes"

§ 1 „Jeder Einwohner Unsrer Staaten ist ohne alle Einschränkung ... zum ... [Besitz von] Grundstücke[n] aller Art berechtigt ..., ohne daß [er] ... einer besonderen Erlaubnis bedarf."

§ 2 „Jeder Edelmann ist, ohne allen Nachtheil seines Standes, befugt, bürgerliche Gewerbe zu treiben; und jeder Bürger oder Bauer ist berechtigt, aus dem Bürger- in den Bauerstand zu treten."

§ 10 „Nach dem Datum dieser Verordnung entsteht fernerhin kein Unterthänigkeits-Verhältniß, weder durch Geburt noch durch Heirath, noch durch Uebernehmung einer unterthänigen Stelle, noch durch Vertrag."

§ 12 „Mit dem Martini-Tage Eintausend Achthundert und zehn (1810) hört alle Guts-Unterthänigkeit in Unsern sämmtlichen Staaten auf. Nach dem Martini-Tage 1810 giebt es nur freie Leute ..."

M 3b: Aus der Preußischen Städteordnung vom 19. November 1808

§ 48 „Die Bürgerschaft ... wird in allen Angelegenheiten des Gemeinwesens durch Stadtverordnete vertreten. Sie ist befugt, dieselben aus ihrer Mitte zu wählen."

§ 108 „Die Stadtverordneten erhalten durch ihre Wahl die unbeschränkte Vollmacht ... sämtliche Gemeindeangelegenheiten .. zu besorgen."

Quelle:

M 1: *Kleßmann, E.* (Hrsg.): Deutschland unter Napoleon in Augenzeugenberichten, © 1965 Karl Rauch Verlag KG, Düsseldorf, S. 172 f.
M 2: Allgemeines Landrecht für die Preußischen Staaten von 1794, Textausgabe, Alfred Metzner Verlag, Frankfurt a.M./Berlin 1970, S. 433, 438, 534–537, vereinfacht nach: *Schmid, H.D.*: Fragen an die Geschichte, Bd. 3, Hirschgraben Verlag, Frankfurt a.M. 1981, S. 180 f.
M 3: *Huber, E.R.* (Hrsg.): Dokumente zur deutschen Verfassungsgeschichte, 1803–1850, Kohlhammer Verlag, Stuttgart 1961, S. 38–40.
M 3b: *Hubatsch, W.* (Hrsg.): Freiherr vom Stein, Briefe und amtliche Schriften, 2. Band, 2. Teil, Kohlhammer Verlag Stuttgart 1960, S. 953, 960.

Aufgaben:

1. Beschreibe das Verhalten der Berliner Bevölkerung (M 1)!
2a. Arbeite aus den Bestimmungen des preußischen Landrechts heraus, in welchem Verhältnis die Stände zueinander standen (M 2)!
2b. Erläutere, welche Auswirkungen die Bestimmungen auf das Verhältnis der Bürger und Bauern zum Staat hatten!
3. Fasse die Aussagen der einzelnen Paragraphen der M 3a und M 3b in einem Begriff zusammen!

Lernvoraussetzungen:

- das auf der Garantie persönlicher Freiheit und Gleichheit fußende Nationalgefühl als eine Ursache französischen Erfolgs
- das Ende des „Heiligen Römischen Reiches Deutscher Nation“
- der Zusammenbruch Preußens (1806/1807)

Leistungserwartungen:

Aufgabe 1: Der französische Armeearzt ist über das Verhalten der Berliner angesichts der Krise des preußischen States überrascht: Die Bevölkerung ist von der vernichtenden Niederlage der preußischen Armee scheinbar unberührt und nimmt das Schicksal von Staat und König teilnahmslos hin.

Aufgabe 2a: Aus den Bestimmungen des Landrechts läßt sich deutlich die klare Trennung der Stände (Geburtsstände) und ihre Abschließung gegeneinander herauslesen. Kennzeichnend sind die Vorrechte und privilegierte Stellung des Adels, der die Herrschaft über die Bauern ausübt, sowie die Erbuntertänigkeit, die Dienstpflicht der Bauern, ebenso ihre Beschränkung auf die Landwirtschaft. Bürger und Bauern hatten in der Ständegesellschaft keine Möglichkeit zu gesellschaftlichem oder wirtschaftlichem Aufstieg, was Unzufriedenheit und Neid auf die Stellung des Adels zur Folge hatte.

Aufgabe 2b: Es kann erschlossen werden, daß die rechtliche Benachteiligung der Bürger und Bauern gegenüber dem Adel zu Unzufriedenheit mit dem König und dem preußischen Stat und zu fehlender Anteilnahme an dessen Schicksal führte. Das Entstehen eines Verantwortungsgefühls der zahlenmäßig größten Bevölkerungsgruppe für die Belange des Staates wurde verhindert.

Aufgabe 3: Zusammenfassung
Oktoberedikt:

§ 1 • unbeschränktes Recht auf Grundbesitz
§ 2 • unbeschränkte Gewerbefreiheit/freie Berufswahl
§ 10/12 • Aufhebung der Erb-/Gutsuntertänigkeit

Städteordnung:

§ 48, 108 • Selbstverwaltung der Städte, Wahlrecht der Bürger für die Stadtverordnetenversammlung, Mitverantwortungsrecht der Bürger

Hinweise für den Unterricht:

Die Einführung in die Thematik soll durch die Projektion einer Äußerung eines Angehörigen der französischen Besatzungsarmee über das teilnahmslose Verhalten der Berliner Bevölkerung in bezug auf die Ereignisse des Herbstes 1806 erfolgen (M 1). Die Situation kann mit Hilfe des Vorwissens (napoleonische Kriege) und besonders mit Hilfe der Analyse der Artikel des Preußischen Landrechts (M 2) erklärt werden. Zu empfehlen ist die Erarbeitung von M 2 durch die Aufgaben 2a und 2b in einer vorbereitenden Hausaufgabe. Die Erarbeitung des innerpreußischen Hintergrundes versetzt die Schüler in die Lage, mögliche Auswege aus der Staatskrise zu überlegen. Mit dieser Hypothesenbildung ist eine harmonische Überleitung zu den Auszügen aus Oktoberedikt und Städteordnung (M 3a und 3b, Aufgabe 3) möglich. Die ausgewählten Bestimmungen verdeutlichen die Bemühungen Steins um die Schaffung der gesetzlichen Grundlagen für die Regeneration des Landes. Im Anschluß an die begriffliche Verdichtung, die auch der Verständniskontrolle dient, kann die Erläuterung der Bedeutung der Reformbestimmungen für die preußische Bevölkerung erfolgen. U.a. können folgende Aspekte genannt werden:
- Rechtsgleichheit (bes. § 1)
- Möglichkeit für wirtschaftlichen und gesellschaftlichen Aufstieg/Hebung des allgemeinen Wohlstandes (bes. § 2)
- persönliche Freiheit (bes. § 10/12)
- Mitverantwortung der Bürger (Städteordnung).

Unter Einbeziehung der in der Vermutungsphase geäußerten Hypothesen zum Ausweg aus der Staatskrise können nun abschließend die Ziele der Reformmaßnahmen ermittelt und eine Bewertung vorgenommen werden. Die Reformen zielten auf die Identifikation von Volk und Staat, wollten die innere Spaltung aufheben und die Grundlagen für die Schaffung einer preußischen Nation und den Wiederaufstieg Preußens legen. Sie stellen einen Bruch mit den bisherigen Rechtsverhältnissen dar und sind ein Fortschritt gegenüber dem Preußischen Landrecht von 1794.

Literatur:

Nipperdey, T.: Deutsche Geschichte 1800–1866, München 1983, S. 33–69.

Arbeitsmaterial:

Der Dichter Theodor Körner schreibt als 22jähriger an seinen Vater:

Wien, 10. März 1813

Liebster Vater! ich schreibe dir diesmal in einer Angelegenheit, die, wie ich das feste Vertrauen zu Dir habe, Dich weder befremden noch erschrecken wird. Neulich gab ich Dir schon einen Wink über mein Vorhaben, das jetzt zur Reife gediehen ist.

Deutschland steht auf, der preußische Adler erweckt in allen treuen Herzen durch seine kühnen Flügelschläge die große Hoffnung einer deutschen, wenigstens norddeutschen Freiheit. Meine Kunst seufzt nach ihrem Vaterlande, – laß mich ihr würdiger Jünger sein! – Ja, liebster Vater, ich will Soldat werden, will das hier gewonnene glückliche und sorgenfreie Leben mit Freuden hinwerfen, um, sei's auch mit meinem Blute, mir ein Vaterland zu erkämpfen. Nenn's nicht Übermut, Leichtsinn, Wildheit!

Vor zwei Jahren hätte ich es so nennen lassen; jetzt, da ich weiß, welche Seligkeit in diesem Leben reifen kann, jetzt, da alle Sterne meines Glücks in schöner Milde auf mich niederleuchten, jetzt ist es, bei Gott, ein würdiges Gefühl, das mich treibt, jetzt ist es die mächtige Überzeugung, daß kein Opfer zu groß sei für das höchste menschliche Gut, für seines Volkes Freiheit. Vielleicht sagt Dein bestochenes väterliches Herz: Theodor ist zu größeren Zwecken da, er hätte auf einem anderen Felde Wichtigeres und Bedeutendes leisten können, er ist der Menschheit noch ein großes Pfund zu berechnen schuldig. Aber, Vater, meine Meinung ist die: zum Opfertode für die Freiheit und für die Ehre der Nation ist keiner zu gut, wohl aber sind viele zu schlecht dazu! Hat mir Gott wirklich etwas mehr als gewöhnlichen Geist eingehaucht, der unter Deiner Pflege denken lernte, wo ist der Augenblick, wo ich ihn nicht mehr geltend machen kann! Eine große Zeit will große Herzen, und ich fühl' die Kraft in mir, eine Klippe sein zu können in dieser Völkerbrandung, ich muß hinaus und dem Wogensturme die mutige Brust entgegendrücken. (...)

Dein Theodor.

Quelle:

Theodor Körner's sämtliche Werke, hg. von K. Streckfuß, Bd. 3, Berlin 1876, S. 287 ff., zitiert nach: *Zeeden, E.W.*: Europa im Umbruch, Von 1776 bis zum Wiener Kongreß, Klett-Cotta Verlag, Stuttgart 1982, S. 170–172.

Aufgaben:

1. Bringe die folgenden Ereignisse in die richtige zeitliche Reihenfolge, und nenne die Jahreszahlen zu den Ereignissen:
   - Völkerschlacht bei Leipzig
   - Waterloo
   - Ende des „Heiligen Römischen Reiches Deutscher Nation“
   - Wiener Kongreß
   - Rußlandfeldzug Napoleons.
2. Erläutere das Ziel und die Folgen der Kontinentalsperre!
3. Die europäischen Verhältnisse wurden auf dem Wiener Kongreß nach dem Prinzip der Legitimität neu geordnet. Erkläre dieses Prinzip!

4.1 Fasse in ein bis zwei Sätzen zusammen, was Theodor Körner seinem Vater mitteilt (Arbeitsmaterial)!

4.2 Erläutere unter Einbeziehung des Textes die Ursachen für die Entscheidung Körners!

4.3 Beurteile mit Hilfe der Ergebnisse des Wiener Kongresses, ob die Wünsche Körners in Erfüllung gegangen sind!

Lernvoraussetzungen:

Die Schülerinnen und Schüler sollten informiert sein über:
- das Ende des „Heiligen Römischen Reiches Deutscher Nation“, den Zusammenbruch Preußens und die Neuordnung des Reiches durch Napoleon;
- die Kontinentalsperre;
- die Herrschaft Napoleons in Europa und ihre Überwindung ,
- die Wendung zur nationalen Idee in Deutschland und die Auflehnung gegen die Fremdherrschaft Napoleons;
- die politischen Leitgedanken und Ergebnisse des Wiener Kongresses.

Leistungserwartungen:

Aufgabe 1:

1806	• Ende des „Heiligen Römischen Reiches Deutscher Nation“
1812	• Rußlandfeldzug Napoleons
1813	• Völkerschlacht bei Leipzig
1814/15	• Wiener Kongreß
1815 (Juni)	• Waterloo

Aufgabe 2: Das Ziel des Wirtschaftskrieges Frankreichs unter Napoleon bestand darin, England durch den Entzug seiner Absatzmärkte in eine schwere Wirtschaftskrise zu führen und es wirtschaftlich niederzuringen.
Die Sperre für englische Handelswaren führte zu erheblichen wirtschaftlichen Problemen in den Seehandelsstädten, obwohl sie durch Schmuggel durchbrochen wurde. In diesem Zusammenhang kann die Einbeziehung norddeutscher Küstengebiete in das französische Staatsgebiet erwähnt werden, was die Durchführung der Kontinentalsperre gewährleisten sollte. Trotz schwerer Schäden für das englische Wirtschaftsleben erreichte die Handelsbarriere nicht ihr Ziel. Als weitere Folge muß der Eroberungsfeldzug gegen Rußland genannt werden, zu dem sich Napoleon entschloß, als der Zar wegen der negativen wirtschaftlichen Folgen für Rußland aus der Kontinentalsperre ausbrach.

Aufgabe 3: Mit dem Grundsatz der Legitimität ist die Rechtmäßigkeit der monarchischen Herrschaft gemeint, also das historische Recht bestehender Dynastien auf die Machtausübung, das auf dem Glauben an die Herleitung der Herrschaft von Gott basiert. Die Wiederherstellung der legitimen Ordnung bezog sich auch auf Frankreich, wo das historische Recht der Bourbonen bestand.

Aufgabe 4.1: In einem gefühlsbetonten Brief begründet Theodor Körner seinem Vater seine Entscheidung für die Teilnahme am Befreiungskrieg mit dem Wunsch, an der Schaffung der nationalen Einheit mitzuwirken.

Aufgabe 4.2: Deutlich wird in dem Brief Körners Wunsch nach nationaler Freiheit, die sich auf das gesamte Deutschland bezieht. Die Quelle dokumentiert den durch die Fremdherrschaft Napoleons entstandenen Patriotismus, die freiwillige, opferbereite und gefühlsbetonte Bereitschaft zum Dienst für das Vaterland. Textbezüge sind aufzunehmen, z.B.: „Deutschland steht auf“, „mir ein Vaterland zu erkämpfen“, „daß kein Opfer zu groß sei für das höchste menschliche Gut, für seines Volkes Freiheit“, „zum Opfertode für die Freiheit und für die Ehre der Nation ist keiner zu gut“.Bedingt durch die günstige militärische Situation nach der Niederlage der napoleonischen Armee und dem Neutralitätsabkommen von Tauroggen sowie durch die auf mehr Verantwortung der Bürger im Staat zielenden Preußischen Reformen, kam es 1812/13 zu einer Welle nationaler Begeisterung, deren Ziel die Abschüttelung der französischen Fremdherrschaft war.

Aufgabe 4.3: Als freiwilliger Teilnehmer an den Befreiungskriegen wünschte sich Körner die Neugestaltung Deutschlands als Nationalstaat. Es ist herauszustellen, daß mit der Niederlage Napoleons zwar das Ende der Fremdherrschaft erreicht wurde, daß aber andererseits auf dem Wiener Kongreß mit der Gründung des Deutschen Bundes, einem Bund souveräner Staaten, die deutsche Einheit nicht erreicht wurde.

Bewertungsvorschlag:

Aufgabe	Anteil an der Gesamtzensur
1	15 %
2	20 %
3	10 %
4	55 %

Literatur:

Nipperdey, T.: Deutsche Geschichte 1800–1866, München 1983.

Arbeitsmaterial:

M 1: Regeln für die Fabrikarbeiter der Firma Krupp aus dem Jahre 1838

Jeder Arbeiter muß treu und unbedingt folgsam sein, sich in- und außerhalb der Fabrik anständig betragen, pünktlich die Arbeitsstunden halten und durch seinen Fleiß beweisen, daß er die Absicht hat, zum Nutzen der Fabrik zu arbeiten. Wer dies befolgt, hat zu erwarten, daß dem Wert der Arbeit nach auch sein Lohn erhöht wird. Wer aus Nachlässigkeit oder bösem Willen sich vergeht, wird bestraft. Branntweintrinken in der Fabrik wird nicht geduldet. Wer ein Stück Arbeit, ein Werkzeug und dergleichen verdirbt oder umkommen läßt, muß dasselbe vergüten. Wer fünf Minuten zu spät nach dem Läuten zur Arbeit kommt, verliert 1/4 Tag, wer 1/4 Tag eigenmächtig fortbleibt, verliert 1/2 Tag, für 1/2 Tag fortbleiben wird 3/4 Tag abgezogen.

M 2: Baumwollspinnerei in Manchester, 1843

M 3a:

Bevölkerungsdichte in Deutschland

1780	1914
38 Menschen je qkm	125 Menschen je qkm

M 3b:

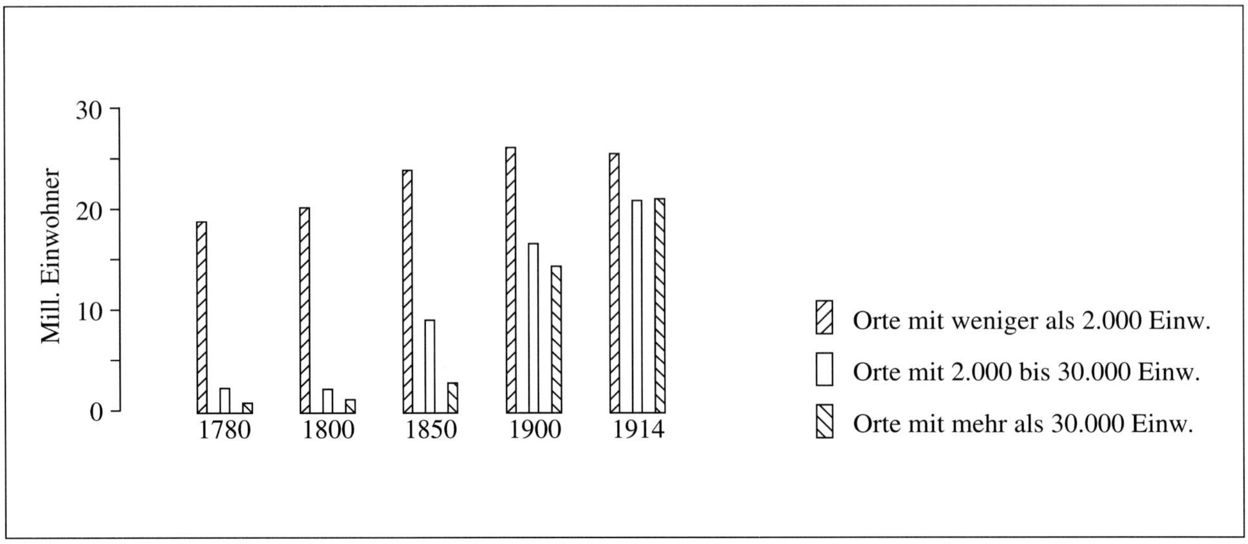

Quelle:

M 1: *Jantke, C.*: Der Vierte Stand. Die gestaltenden Kräfte der deutschen Arbeiterbewegung im XIX. Jahrhundert. Verlag Herder, Freiburg 1955, S. 178.
M 2: © The Mansell Collection Limited, London. Entnommen aus: *Köllmann, W.*: Die Industrielle Revolution, Tempora Quellen zur Geschichte und Politik Sekundarstufe II/Kollegstufe, Ernst Klett Schulbuchverlag, Stuttgart 1987, S. 82.
M 3: *Henning, F.-W.*: Die Industrialisierung in Deutschland 1800–1914, Verlag Schöningh, 9. Auflage, Paderborn 1995.

Aufgaben:

1. Definiere den Begriff Pauperismus!
2. Erarbeite aus M 1 das Verhältnis zwischen Unternehmer und Arbeiter!
3. Erläutere anhand von M 2 Auswirkungen der Industrialisierung auf die Gesellschaft!
4. Werte M 3 aus, und erkläre das Ergebnis!

Lernvoraussetzungen:

Die Schülerinnen und Schüler sollten informiert sein über:
- den Übergang zur industriellen Produktionsweise;
- technische, wirtschaftliche und gesellschaftliche Bedingungen der Industrialisierung, besonders Unternehmertum, Bevölkerungsexplosion, Landflucht und Anwachsen der Städte;
- Verelendung der Arbeiter als Auswirkung der Indistrialisierung (u.a. Klassengesellschaft, Frauen- und Kinderarbeit, Pauperismus).

Leistungserwartungen

Aufgabe 1: Der Begriff Pauperismus (von lateinisch pauper – arm) bezeichnet die Massenarmut während der ersten Hälfte des 19. Jahrhunderts, zu Beginn der Industrialisierung. Der Pauperismus war insbesondere durch das schnelle Bevölkerungswachstum in Verbindung mit zunächst noch nicht genügend Arbeitsplätzen verursacht.

Aufgabe 2: Die Regeln für die Fabrikarbeiter waren Mittel zur Organisation der Arbeit in der Fabrik. Deutlich wird, daß die Fabrik- besitzer Macht über die lohnabhängigen Arbeiter besitzen. Die unbedingte Disziplinierung und Pünktlichkeit der Arbeiter wird gefordert, um die industrielle Produktionsweise zu ermöglichen. Kennzeichnend ist die geforderte Unterwerfung, der Gehorsam der Arbeiter (u.a. „treu und unbedingt folgsam sein“, „Wer dies befolgt,...“, „wird bestraft“). Die Verhaltensansprüche der Unternehmer an die abhängigen Arbeiter beziehen sich sogar auf Bereiche „außerhalb der Fabrik“.

Aufgabe 3: M 2 veranschaulicht, daß Kinder und Frauen zur Arbeit in die Fabrik gehen mußten, um einer Familie die Existenz zu sichern. Der Lohn eines Familienmitglieds reichte nicht. Unter dem Druck des Überangebots der Arbeitssuchenden sanken die Löhne. In diesem Zusammenhang führte Frauen- und Kinderarbeit (billige Arbeitskräfte) zu schlechteren Löhnen insgesamt und zu Angst vor Arbeitslosigkeit. Kinderarbeit ist dahingehend zu erläutern, daß Kinder fest in den Arbeitsablauf der Erwachsenen einbezogen waren, um den Lebensunterhalt der Familie zu sichern. Ebenso wie diese mußten Frauen körperlich schwere Arbeiten verrichten. Ergänzend kann erläutert werden, daß das unternehmerische Handeln in bezug auf Frauen- und Kinderarbeit zunächst ausschließlich vom ungehemmten Gewinnstreben bestimmt war; das Bewußtsein für die soziale Problematik war nicht entwickelt.

Aufgabe 4: M 3 ist die starke Bevölkerungszunahme (3a) und die Verstädterung in Deutschland besonders in der zweiten Hälfte des 19. Jahrhunderts bis 1914 zu entnehmen. Während die Zahl der Gemeinden unter 2 000 Einwohnern bis 1900 kaum ansteigt, vervielfacht sich die Zahl der Kommunen bis 30 000 Einwohner seit 1800, und die Anzahl der Städte über 30 000 Einwohner steigt nach 1850 rapide an. Während in Deutschland bis 1800 mehr als vier Fünftel der Bevölkerung in Orten mit weniger als 2 000 Einwohnern leben, verteilt sich die Bevölkerung 1914 etwa zu je einem Drittel auf Orte unter 2 000, zwischen 2 000 und 30 000 sowie über 30 000 Einwohnern.

Folgende Ursachen für Bevölkerungszunahme und Verstädterung sind anzuführen:
- Bessere Ernährung, Fortschritte in der Medizin sowie Bauern- und Gewerbefreiheit führten zu einem Anstieg der Bevölkerungszahl.
- Viele der aus der Gutsuntertänigkeit entlassenen Bauern fanden keine Beschäftigung als Landarbeiter und wanderten deshalb in die Industriegebiete ab, um in einer Fabrik zu arbeiten. Ebenso suchten durch Maschinen arbeitslos gewordene Handwerker Arbeit in der Stadt. Durch diese Landflucht stieg der Anteil der Stadtbevölkerung an der Gesamtbevölkerung beständig an.

Bewertungsvorschlag:

Aufgabe	Anteil an der Gesamtzensur
1	10 %
2	35 %
3	25 %
4	30 %

Literatur:

Nipperdey, T.: Deutsche Geschichte 1800–1866, München 1983, bes. Kapitel II.

Arbeitsmaterial:

Der Unternehmer Alfred Krupp richtete 1877 folgende Botschaft an die Arbeiterschaft seiner Betriebe:

Trotz wiederholter Warnung scheint sich unter einem Teile von Euch der Geist der Sozialdemokratie einschleichen zu wollen. Dieser Geist aber ist verderblich, und jeder Verständige muß ihn bekämpfen, der Arbeiter so gut wie der Arbeitgeber. Daß Ihr dies erkennen möchtet, das ist mein Wunsch und Streben. [...]

Der Arbeiter hat die Erfindungen nicht gemacht. Er wird nicht betroffen von den Kosten und Verlusten, welche der Fabrikant für Versuche und Anlagen zu tragen hat. Für die Arbeit erhält er den Lohn. Es kann keine Rede davon sein, daß irgend jemand einen besonderen Anspruch behalte, außer solchem, der in Steigerung des Lohnes und des Gehaltes besteht, und immer nur Folge größerer Leistungen ist. Das ist Sache der freien Vereinbarung. Die Erfindungen und dazu gehörenden Produktionen habe ich eingeführt; der Arbeiter darf aber nicht die Frucht verlangen von der Tätigkeit anderer; das ist gegen das jedem Menschen eingeborene Rechtsgefühl. Wie jedermann verteidige auch ich mein Eigentum; wie mein Haus, so ist auch meine Erfindung mein und die Frucht derselben, sie mag Gewinn sein oder Verlust. [...]

Um die Lage meiner Arbeiter zu verbessern, war ich von jeher zunächst darauf bedacht, ihnen ein möglichst sorgenfreies Dasein für die Zeiten zu verschaffen, in denen sie selbst nicht mehr arbeiten könnten. Ihr selbst wißt es am besten, wie es mit Kranken, Invaliden und ausgedienten Arbeitern bei uns gehalten wird. Dann habe ich den Arbeitern Wohnungen gebaut, worin bereits 20 000 Seelen untergebracht sind, habe Schulen gegründet, Schenkungen verliehen und Einrichtungen getroffen zur billigen Beschaffung von allem Lebens- und Hausbedarf. Ich habe mich dadurch in eine Schuldenlast gesetzt, die abgetragen werden muß. Damit dies geschehen kann, muß jeder seine Schuldigkeit tun in Frieden und Eintracht und in Übereinstimmung mit unseren Vorschriften. [...]

Eine ernste Beschäftigung mit der Landespolitik erfordert mehr Zeit und tiefere Einsicht in schwierige Verhältnisse, als Euch zu Gebote steht. Das Politisieren in der Kneipe ist nebenbei sehr teuer, dafür kann man im Hause Besseres haben. Nach getaner Arbeit verbleibt im Kreise der Eurigen, bei den Eltern, bei der Frau und den Kindern. Da sucht Eure Erholung, sinnt über den Haushalt und die Erziehung. Das und Eure Arbeit sei zunächst und vor allem Eure Politik. Dabei werdet ihr frohe Stunden haben.

Quelle:

Berdrow, W. (Hrsg.): Alfred Krupps Briefe 1826–1887, Verlag von Reimar Hobbing, Berlin 1928, S. 343–348. Übernommen wurde eine gekürzte und überarbeitete Fassung aus: Quellensammlung zur Geschichte der sozialen Betriebsverfassung Band 2: Soziale Betriebsverfassung einzelner Unternehmen der Ruhrindustrie, Äthenäum, Hain, Hamstein Verlagsgesellschaft, Bodenheim 1965, S, 52 f.

Aufgaben:

1. Notiere, wie Karl Marx und wie Vertreter der Kirchen die Soziale Frage lösen wollten!
2. Erkläre den Begriff Gewerkschaft!

3.1 Erarbeite aus dem Material, wie und warum Krupp die Lage der Arbeiter verbessert hat!

3.2 Vergleiche die Vorstellungen von Marx zur Lösung der Sozialen Frage mit den Ausführungen Krupps!

3.3 Beurteile, ob mit den Maßnahmen Krupps eine wirksame Verbesserung der Lage der Arbeiter zu erreichen war!

Lernvoraussetzungen:

- Industrialisierung in Deutschland
- Soziale Probleme der Arbeiterschaft
- Versuche zur Lösung der Sozialen Frage: Marx, Gewerkschaften, Sozialdemokratie, Unternehmer, Kirchen

Leistungserwartungen:

Aufgabe 1: *Karl Marx:* Marx ging von einem unversöhnlichen Gegensatz zwischen den Kapitalisten/Fabrikbesitzern und den Arbeitern aus (Klassenkampf). Nach seiner Analyse beuteten die Produktionsmittelbesitzer die lohnabhängigen Arbeiter aus. Zur Lösung der Sozialen Frage forderte er die Aufhebung der alten Produktionsverhältnisse, d.h. die Enteignung der Kapitalisten und die Überführung der Produktionsmittel in gemeinschaftliches Eigentum, um eine Gesellschaft ohne Ausgebeutete zu schaffen. Diese Beendigung des Klassenkampfes, die Aufhebung der sozialen Gegensätze könnte nur mittels einer Revolution geschehen.
Kirchen: Beide christlichen Konfessionen sahen keinen prinzipiellen Gegensatz zwischen Arbeitern und Produktionsmittelbesitzern. Sie sahen die Ursachen der sozialen Frage in der Nichtbefolgung christlicher Gebote. Folgerichtig erwarteten sie von der Aktivierung christlicher Nächstenliebe die Lösung der Sozialen Frage. In diesem Sinne arbeitete auf evangelischer Seite Johann Hinrich Wichern. Er gründete 1833 eine Rettungsanstalt für verwahrloste Kinder und Jugendliche. Auf katholischer Seite sind Bischof Ketteler, der sich für die Verbesserung der Lage der Arbeiter einsetzte, und Adolf Kolping zu nennen. Er gründete Gesellenvereine, in denen wandernde Handwerker Gemeinschaft fanden.

Aufgabe 2: Gewerkschaften sind Vereinigungen von Arbeitnehmern zur Verbesserung der wirtschaftlichen und sozialen Lage ihrer Mitglieder. Konkrete Ziele waren etwa höhere Löhne und bessere Arbeitsbedingungen. In Deutschland entstanden die ersten Gewerkschaften in der Mitte des 19. Jahrhunderts.

Aufgabe 3.1: Krupp weist im dritten Abschnitt darauf hin, daß er Vorsorge für den Fall der Arbeitsunfähigkeit seines Personals getroffen habe. Weiter erwähnt er Arbeiterwohlfahrtseinrichtungen wie Wohnungsbau und Sozialeinrichtungen. Zu Beginn und am Ende des Abschnitts werden Motive des Unternehmers Alfred Krupp für seine patriarchalische Sozialpolitik klar: Einerseits fühlt er sich für seine Arbeiter verantwortlich, andererseits will er zufriedene Arbeiter in der Einsicht, daß dies der Leistung seines Betriebes zugute kommt.
Leistungsstarke Schüler werden dem Text, besonders dem letzten Abschnitt, als wichtige Intention der Sozialpolitik Krupps auch die Unterdrückung betrieblicher und politischer Mitspracheforderungen (Sozialpolitik als Kompensation für vorenthaltene Rechte) sowie die Verhinderung des Zulaufs zur Sozialdemokratie (erster Abschnitt) entnehmen.

Aufgabe 3.2: Der Ansicht von Karl Marx, die Unternehmer beuteten die lohnabhängige Klasse aus, und seiner revolutionären Analyse tritt Krupp besonders im zweiten Abschnitt entgegen, in dem er liberalistische Vorstellungen vorträgt entsprechend der Devise: „Jeder ist selbst seines Glückes Schmied“: „Die Erfindungen und dazu gehörenden Produktionen habe ich eingeführt; der Arbeiter darf aber nicht die Frucht verlangen von der Tätigkeit anderer; das ist gegen das jedem Menschen eingeborene Rechtsgefühl.“ Krupp will an den Besitzverhältnissen festhalten: „Wie jedermann verteidige auch ich mein Eigentum“ und weist auf das von ihm getragene Risiko hin(„sie mag Gewinn sein oder Verlust“).
Gegen den Vorwurf der Ausbeutung führt er die unternehmerische Sozialpolitik ins Feld (dritter Abschnitt – siehe Aufgabe 3.1).

Aufgabe 3.3: Bei der Beurteilung der Frage, ob mit den Maßnahmen Krupps eine durchgreifende Verbesserung der Lage der Arbeiterschaft zu erreichen war, soll zweierlei herausgestellt werden:
- Unternehmern wie Krupp ging es lediglich um eine Verbesserung der Lebens- und Wohnsituation der Arbeiterschaft. Eine Beseitigung der gröbsten Not wurde erreicht. Allerdings handelten nicht alle Unternehmer so wie Krupp.
- Da den Arbeitern aber keine politischen Rechte oder Mitbestimmungsrechte zugebilligt wurden und Krupp seine Arbeiter wie unmündige Kinder behandelte (besonders im ersten und letzten Abschnitt sichtbar), blieb die völlige Abhängigkeit der Arbeiterschaft vom Unternehmer. Somit wurde keine Lösung der Sozialen Frage erreicht.

Bewertungsvorschlag:

Aufgabe	Anteil an der Gesamtzensur
1	25 %
2	10 %
3.1	20 %
3.2	25 %
3.3	20 %

Literatur:

Kocka, J.: Unternehmer in der deutschen Industrialisierung, Göttingen 1975.

Arbeitsmaterial:

M 1: Aus den Lebenserinnerungen von Gerd Eilers, der damals Gymnasialdirektor in Bad Kreuznach war:

„In Kreuznach kam ich mitten in die Aufregungen hinein, welche (...) durch die veröffentlichten Beschlüsse des Karlsbader Kongresses in der Rheinprovinz hervorgerufen wurden. So allgemeine und so leidenschaftliche Äußerungen politischen Unwillens hätte ich nicht für möglich gehalten; selbst die heftigsten Schmähungen auf einzelne Bundesfürsten und ihre Minister waren an der Tagesordnung und wurden sogar von Kommunalbeamten, besonders in der darmstädtischen Rheinprovinz, geteilt. Man wünschte Exekutionstruppen herbei, indem man daran die Hoffnung einer allgemeinen Erhebung der Nation knüpfte, welche sich die beabsichtigte Verwandlung in ein Sklavenvolk gewiß nicht werde gefallen lassen. Juristen hielten die Beschlüsse für unvereinbar mit dem Geiste der ihnen so werten französischen Gesetzgebung und weissagten den Untergang derselben, wenn die Nation sich einen solchen Absolutismus gefallen lasse.
Ruhigere Leute bedachten die Folgen, welche diese Beschlüsse für ihre besonderen Verhältnisse haben könnten, und da waren es vorzüglich Väter und Mütter, die Söhne auf Gymnasien oder Universitäten hatten, in deren Herzen beunruhigende Sorgen aufstiegen. Wie leicht konnte ein junger Mensch in leichtsinnigem Übermut zu einem Fehltritt kommen, der ihm Ausweisung oder Relegation zuzog! Dann war er auf immer verloren. Schrecken ergriff den ganzen Lehrerstand; viele Gymnasiallehrer und Universitätsprofessoren mochten auch hinsichtlich der so scharf verpönten liberalen Gesinnungen kein allzu sicheres Selbstbewußtsein haben. Kurz, die Beunruhigungen, welche durch die Karlsbader Beschlüsse auf dem ganzen Gebiete des sozialen Lebens hervorgerufen wurden, waren außerordentlich und für die hohen Urheber derselben nicht ungefährlich.“

Hinweis zum Material:

Relegation: Verweisung von der Hochschule

M 2: Sonderbriefmarke der Deutschen Bundespost von 1982

Hinweis zum Material:

Die auf der Briefmarke dargestellten Fahnen tragen die Farben Schwarz, Rot und Gold.

Quelle:

M 1: *Eilers, G.:* Meine Wanderung durchs Leben, Ein Beitrag zur inneren Geschichte der ersten Hälfte des 19. Jahrhunderts, Fünfter Teil, F.A. Brockhaus Verlag, Leipzig 1860, S. 143–145.

Aufgaben:

1. Definiere den Begriff „Restauration“, und erkläre, warum man die Zeit von 1815–1848 das Zeitalter der Restauration nennt!
2.1 Zeige am Text (M 1), welche Bestimmungen der Karlsbader Beschlüsse von Eilers angesprochen werden!
2.2 Fasse mit eigenen Worten zusammen, wie der Autor die Reaktion der Öffentlichkeit auf die Karlsbader Beschlüsse darstellt!
2.3 Ordne M 1 in die politische Entwicklung in Deutschland von 1815–1830 ein!
3. Erläutere mit Hilfe von M 2 die Bedeutung des Hambacher Festes!
4. Notiere den Text der dritten Strophe des Liedes der Deutschen, und zeige, welche politischen Forderungen erhoben werden!

Lernvoraussetzungen:

Die Schülerinnen und Schüler sollten informiert sein über:
- die politischen Leitgedanken des Wiener Kongresses;
- der Kampf gegen die nationalen und liberalen Strömungen innerhalb des Deutschen Bundes von 1815–1848 (Restauration), besonders Burschenschaften, Karlsbader Beschlüsse und „Demagogenverfolgungen";
- die Auswirkungen der Julirevolution im Deutschen Bund, besonders das Hambacher Fest;
- das Deutschlandlied von Hoffmann von Fallersleben.

Leistungserwartungen:

Aufgabe 1: Mit Restauration ist die Wiederherstellung früherer Zustände, z.B. gesellschaftlicher oder politischer Art, gemeint. Als Epochenbezeichnung für die Zeit von 1815–1848 beinhaltet der Begriff die Bestrebungen, die Neuerungen der Französischen Revolution und ihre Nachwirkungen zu beseitigen und gleichzeitig die vorrevolutionäre Ordnung wiederherzustellen, besonders in bezug auf die Stellung der Herrscher, deren Macht nicht durch Verfassungen beschränkt werden sollte.

Aufgabe 2.1: Eilers spricht in der zweiten Hälfte des Materials insbesondere das Universitätsgesetz an. Folgende Bestimmungen der Karlsbader Beschlüsse sollen genannt werden:
- die Überwachung und Lenkung der Universitäten durch einen „außerordentlichen landesherrlichen Bevollmächtigten";
- die Entfernung von Lehrpersonen aus dem Amt, die der öffentlichen Ordnung und den bestehenden Staatseinrichtungen gegenüber feindselig gesonnen sind;
- die Möglichkeit der Verweisung oppositioneller Studenten von der Universität.

Dies soll mit folgenden Textstellen belegt werden:
- „Fehltritt..., der ihm Ausweisung oder Relegation zuzog";
- „Schrecken ergriff den ganzen Lehrstand...kein allzu sicheres Selbstbewußtsein haben."

Die Zensur für Zeitungen, Zeitschriften und Bücher kann dem Material indirekt entnommen werden:
- „Verwandlung in ein Sklavenvolk";
- Untergang der französischen Gesetzgebung.

Aufgabe 2.2: Eilers schildert einerseits eine breit und heftig artikulierte vorrevolutionäre Stimmung sowie den politischen Unwillen über den Inhalt der Karlsbader Beschlüsse, in denen man die Rückkehr zu absolutistischen Zuständen gekommen sah.
Andererseits beschreibt er die Sorgen der im Schulbetrieb befindlichen Personen um ihre berufliche Position und verweist indirekt auf die disziplinierende Funktion der Beschlüsse.

Aufgabe 2.3: Im Gefolge der Freiheitskriege entdeckte vor allem die studentische Jugend ihr Nationalbewußtsein. An den Universitäten entstanden national gesinnte Burschenschaften. 1817 fand auf der Wartburg die erste gemeinsame Kundgebung der Burschenschaften statt, auf der die Forderungen nach nationaler Einheit und Freiheit artikuliert wurden. Enttäuschung über die Politik der Fürsten des Deutschen Bundes wurde deutlich. Die Ermordung des Schriftstellers von Kotzebue durch einen Studenten bot den Anlaß, um bundesweite Unterdrückungsmaßnahmen gegen die liberale und nationale Bewegung durchzusetzen (s. M 1). Die Folge der Karlsbader Beschlüsse war die innenpolitische Stabilisierung des Deutschen Bundes durch die Verfolgung von kritischen Professoren, Studenten und Publizisten. Die freiheitliche Bewegung kam zum Erliegen (Bezüge zum zweiten Abschnitt), bis durch die Julirevolution in Frankreich 1830 auch in Deutschland eine neue Situation entstand.

Aufgabe 3: Das Hambacher Fest im Mai 1832 ist eine Nachwirkung der französischen Julirevolution und Ausdruck der wiedererwachten Einheits- und Freiheitsbewegung. Es zeigt die allgemeine Entschlossenheit, gegen die Fürsten für die Erringung von Einheit und Freiheit zu kämpfen. Mit seinen ca. 30.000 Teilnehmern war es die erste liberale Massenkundgebung in Deutschland (s. Abbildung M 2). Der Briefmarke ist auch zu entnehmen, daß Männer und Frauen verschiedener Schichten teilnahmen. Zu erkennen sind Studenten mit den Farben der Burschenschaft, Bürger und Frauen.

Aufgabe 4: Das Lied der Deutschen (dritte Strophe)

Einigkeit und Recht und Freiheit
Für das deutsche Vaterland!
Danach laßt uns alle streben
Brüderlich mit Herz und Hand!
Einigkeit und Recht und Freiheit
Sind des Glückes Unterpfand
Blüh im Glanze dieses Glückes,
Blühe, deutsches Vaterland!

Hoffmann von Fallerslebens vormärzliches Lied verbindet die Forderungen nach politischer Freiheit und Rechtsstaatlichkeit mit dem Wunsch der Errichtung eines deutschen Nationalstaates. Spaltung und Unterdrückung des deutschen Volkes sollten aufgehoben werden. Das Lied darf nicht als Überbetonung des Nationalismus mißverstanden werden.

Bewertungsvorschlag:

Aufgabe	Anteil an der Gesamtzensur
1	10 %
2	55 %
3	15 %
4	20 %

Literatur:

Nipperdey, T.: Deutsche Geschichte 1800–1866, München 1983.

Arbeitsmaterial:

M 1: Ein Historiker über ein Ereignis des Jahres 1817

„Eine solche Demonstration mit öffentlichen Reden, in denen der Umsturz des bestehenden Systems und die Schaffung eines einigen und freien Deutschlands gefordert wurde, dazu Turnübungen auf dem Marktplatz, die als glatte Provokation gelten konnten, und sogar ein „Feuergericht“ mit Bücherverbrennungen – dies alles mußte die Regierenden erregen und herausfordern, die sich auf dem Wiener Kongreß eben erst für die Erhaltung der Monarchien und der staatlichen Vielgestaltigkeit Deutschlands ausgesprochen hatten. Vor allem Metternich sah dadurch sein Werk bedroht.“

M 2: Flugblatt aus dem Jahre 1819

Quelle:

M 1: *Görtemaker, M.:* Deutschland im 19. Jahrhundert, Entwicklungslinien, 3. durchgesehene Auflage, Verlag Leske + Budrich, Opladen 1989, S. 73. Siehe auch: Bd. 203, Schriftenreihe der Bundeszentrale für politische Bildung, Bonn.
M 2: © Archiv für Kunst und Geschichte, Berlin, in : FAZ v. 2.12.1993, S. 36.

Aufgaben:

1.1 Erkläre, auf welches Ereignis sich der Text (M 1) bezieht, und informiere über dieses Ereignis!
1.2 Erläutere die Begriffe „Deutscher Bund“ und „Heilige Allianz“, und zeige, wo diese im Text angesprochen sind!
2.1 Berichte kurz über das auf dem Flugblatt dargestellte Ereignis und die Reaktion der Regierenden!
2.2 Der auf dem Bild dargestellte Täter gab vor, für seine Überzeugung gehandelt zu haben. Nimm Stellung zu der Frage, ob Gewalt ein Mittel der politischen Auseinandersetzung sein darf!

Lernvoraussetzungen:

Als Voraussetzung für die vorliegende Arbeit sollten folgende Themen im Unterricht behandelt worden sein:
- Die Neuordnung Europas auf dem Wiener Kongreß
- Das System des Deutschen Bundes und das Problem des Partikularismus in Deutschland
- Die Träger der Einheits- und Freiheitsbewegung, ihre Ziele und Methoden sowie die Reaktion der Obrigkeit.

Leistungserwartungen:

Aufgabe 1.1: Der Text berichtet über das Wartburgfest vom 18./19. Oktober 1817 und seine Wirkung auf die Regierenden. Etwa 500 Mitglieder der Burschenschaften verschiedener Universitäten feierten die Erinnerung an die Reformation und die Befreiungskriege. Das Fest diente zum Aufruf für die Einheit Deutschlands und die Freiheit seiner Bürger. Am Abend wurden Bücher konservativer Autoren (u.a. Kotzebue) sowie Symbole des Obrigkeitsstaates verbrannt. Neben Ansprachen gehörten auch öffentliche Turnvorführungen und ein Gottesdienst zum Festprogramm, das großes Aufsehen erregte und das Mißtrauen der Obrigkeit, vor allem der preußischen und österreichischen Regierung weckte. König Friedrich Wilhelm III. von Preußen ließ Teilnehmer des Festes verhören, Polizeiakten anlegen und nach der Ermordung Kotzebues viele verhaften.

Aufgabe 1.2: Mit dem „bestehenden System" ist das System des Deutschen Bundes angesprochen, der auf dem Wiener Kongreß durch die Bundesakte vom 8.6.1815 gegründet wurde. Im Deutschen Bund schlossen sich die souveränen deutschen Fürsten und die freien Städte zur Erhaltung der inneren und äußeren Sicherheit zusammen. Sitz des Bundes mit der Bundesversammlung war Frankfurt am Main. Die Vorkämpfer der nationalen Einheit lehnten den Deutschen Bund als Stütze des Partikularismus in Deutschland ab.
Die Heilige Allianz vom 26.9.1815 war der Zusammenschluß der Monarchen Rußlands, Österreichs und Preußens zur gegenseitigen Unterstützung bei der „Erhaltung der Monarchien" und der Regelungen des Wiener Kongresses in Europa gegen reformerische oder revolutionäre Bestrebungen.
Aufgabe 2.1: Das Flugblatt zeigt eine Abbildung des Attentats des Theologiestudenten Karl Ludwig Sand auf den russischen Staatsrat und Dichter A. v. Kotzebue am 23.3.1819. Sand, Teilnehmer des Wartburgfestes, war Mitglied des radikalen Flügels der Burschenschaften um K. Follen. Dieser Kreis befürwortete auch die Ermordung von Verrätern und den Opfertod für die Durchsetzung der republikanisch-demokratischen Ziele. Sand wurde zum Tode verurteilt und hingerichtet. Von Oppositionellen wurde er zum Märtyrer stilisiert, der Obrigkeit diente die Tat als Anlaß zu scharfen Reaktionen, deren Grundlage auf Betreiben Metternichs in den „Karlsbader Beschlüssen" (u.a. Überwachung der Universitäten, Maßnahmen gegen Burschenschaftler, Pressezensur) gelegt wurde.

Aufgabe 2.2: Sand verstand sein Attentat selbst als patriotische und sittliche Tat. Er erregte mit dem Mord unbeschreibliches Aufsehen und wurde von seinen Gesinnungsgenossen zum Helden stilisiert. Die Argumentation der Schüler sollte demgegenüber die Tat ablehnen und als Akt des politischen Fanatismus bewerten. Sinnvoll wäre der Hinweis, daß der in der Wahl seiner Mittel fehlgeleitete Sand keineswegs seinen Zielen näherkam, sondern der Obrigkeit Anlaß zu hartem Vorgehen gegen die Opposition bot. Grundsätzlich sollten die Schüler jede Verklärung von Terrorismus ablehnen und den Einsatz von Gewalt als Mittel der politischen Auseinandersetzung ausschließen.

Bewertungsvorschlag:

Aufgabe	Anteil an der Gesamtzensur
1.1	30 %
1.2	20 %
2.1	30 %
2.2	20 %

Literatur:

Görtemaker, M.: Deutschland im 19. Jahrhundert, Entwicklungslinien, Schriftenreihe der Bundeszentrale für politische Bildung, Bd. 203, Bonn 3. Aufl. 1987.
Langewiesche, D.: Europa zwischen Restauration und Revolution 1815–1849, Oldenbourg-Grundriß der Geschichte Bd. 13, München 1985.
Nipperdey, T.: Deutsche Geschichte 1800–1866, Bürgerwelt und starker Staat, München 1983.

Arbeitsmaterial:

M 1a: Brief des Abgeordneten Jakob Grimm vom 6. August 1848

„Wir haben gestern und heute die frechen und törichten anträge für Hecker und seine Partei gehabt, lärmendere sitzungen als je, und heute mußte endlich die [Zuschauer] galerie, worauf gewiß 1500 Menschen standen, geräumt werden, du kannst dir denken, mit welchem widerstreben das geschah, und über eine halbe stunde ging hin, eh es bewerkstelligt wurde, alles mußte hinaus, auch die frauen, und die türen wurden verschlossen, aber draußen auf dem platz blieben die haufen versammelt und hielten reden, bis endlich bürgermilitär anrückte und die kirche ringsum besetzte, inwendig griff die linke zu ihrem letzten mittel und entfernte sich aus dem saal, um nicht mitzustimmen; wir anderen ließen uns nicht irren, sondern setzten die sache durch und stimmten sie nieder, was alles durch namentlichen aufruf geschah und viel zeit kostete. heute nacht wird es nicht an fackelzügen [für die unterliegenden] und an katzenmusik fehlen.“
(Groß- und Kleinschreibung aus der Vorlage übernommen)

M 1b: Aus den Erinnerungen des Abgeordneten Robert von Mohl

„Das Gebäude hatte manche guten Eigenschaften, aber auch unzweifelhaft, als zu einem ganz andern Zwecke errichtet, große Mängel. Zu loben war, daß für eine fast aus 700 Mitgliedern bestehende Versammlung Raum genug vorhanden war, wenn schon der Zugang zu der Mehrzahl der Sitze beschwerlich sein mochte; ferner, daß es keiner übermäßigen Anstrengung bedurfte, um sich von der Rednerbühne aus in dem ganzen Saale verständlich zu machen. ...kaum erträglich erwies sich, daß gar keine Nebenräume bestanden, wie dies bei einer freistehenden Kirche natürlich war. Von Lokalen und Ausschüssen war gar keine Rede; diese waren in der Stadt, zum Teile in ziemlichen Entfernungen, gemietet. Es konnte also, was doch oft nötig gewesen wäre, kein schneller Zusammentritt eines Ausschusses stattfinden. Allein nicht einmal der Präsident oder das Ministerium hatten Sprechzimmer, so daß eine Beratung oder schnelle Besprechung auf dem Paulsplatze bei jeder Witterung stattfinden mußte... Endlich und hauptsächlich war es ein wirkliches Unglück, daß die Emporbühnen der Kirche Raum für viel zu viele Zuhörer boten... Um die Zuhörer ruhig zu erhalten, war es nötig, daß auch die Mitglieder sich selbst passend verhielten. Nun aber war die Versammlung keine geschulte, an eine altherkömmliche Disziplin gewöhnte. Sie lebte in einer fieberhaft bewegten Atmosphäre, war in sich selbst tief gespalten, die Parteien standen sich feindlichst gegenüber. Daß unter solchen Umständen Ausbrüche lauten Beifalls und Tadels vorkamen, war ganz natürlich. Dann konnten aber auch die Galerien schwer von Teilnahme abgehalten werden. Davon ganz abgesehen, daß bald eine gute Anzahl von Mitgliedern der Linken sich, sei es aus Mangel an feinerer Bildung, sei es aus bewußter Absicht, in ungezogenem Benehmen gegen die Mehrheit ergingen und zu gleichem auch die Zuhörer, nicht einmal nur mittelbar, aufforderten...“

M 2: Debatte in der Nationalversammlung

M 3: Lied von Georg Herwegh über die Nationalversammlung (erste und letzte Strophe)

Zu Frankfurt an dem Main
Sucht man der Weisen Stein
Sie sind gar sehr in Nöten,
Moses und die Propheten,
Präsident und Sekretäre,
Wie er zu finden wäre
Im Parla- Parla- Parlament!
Das Reden nimmt kein End!

Zu Frankfurt an dem Main
So schlag der Teufel drein!
Es steht die Welt in Flammen,
Sie schwatzen noch zusammen,
Wie lange soll das dauern?
Dem König Schach, ihr Bauern!
Dein Parla- Parla- Parlament,
O Volk, mach ihm ein End!

Quelle:

M 1a: *Jessen, H.* (Hrsg.): Die deutsche Revolution in Augenzeugenberichten, München 1973, S. 188, zit. nach: *Hug, W.* (Hrsg.): Unsere Geschichte, Bd. 3, Verlag Moritz Diesterweg, Frankfurt a.M. 1988, S. 58.
M 1b: Geschichte in Quellen, Band 5, Das bürgerliche Zeitalter 1815–1914, bearbeitet von *Günter Schönbrunn*, Bayerischer Schulbuch-Verlag, München 1980, S. 162 f.
M 2: © Bildarchiv Preußischer Kulturbesitz, Berlin, abgedruckt in: Fragen an die deutsche Geschichte, Ideen, Kräfte, Entscheidungen von 1800 bis zur Gegenwart. Katalog zur Historischen Ausstellung im Reichstagsgebäude in Berlin, 14. Aufl. 1988, S. 131.
M 3: *Lipping, A.* und *Grabendorff, B.* (Hrsg.): 1848. Der Deutsche macht in Güte die Revolution, Fischer Taschenbuch Verlag, Frankfurt a.M. 1982, S. 118 f.

Aufgaben:

1.1 Erarbeite aus den Texten der Abgeordneten (M 1) die Arbeitsbedingungen und die Atmosphäre in der Paulskirche sowie das Interesse der Öffentlichkeit an der Arbeit der Nationalversammlung!
1.2 Erschließe aus den Texten den politischen Standort der Abgeordneten Grimm und Mohl!
2. Beschreibe kurz das Bild (M 2), und zeige Verbindungen zu den Texten (M 1) auf!
3.1 Gib den Inhalt des Liedes (M 3) mit eigenen Worten wieder, und zeige die Haltung Herweghs gegenüber der Nationalversammlung auf!
3.2 Bestimme den politischen Standort Herweghs!
4. Nenne wichtige Entscheidungen, die die Nationalversammlung zu beraten und zu entscheiden hatte!

Lernvoraussetzungen:

Die Arbeit kann in eine umfassende Behandlung der Revolution von 1848/49 einbezogen, aber auch für eine Schwerpunktsetzung zur Arbeit der Nationalversammlung eingesetzt werden. Aufgabe 1.1 kann ohne Vorkenntnisse zur Arbeitsweise der Nationalversammlung aus den Texten heraus gelöst werden. Für die Aufgaben 1.2, 3.2 und 4 sind Kenntnisse über die politischen Gruppierungen und die zur Diskussion und Entscheidung stehenden Fragen der Revolutionszeit notwendig.

Leistungserwartungen:

Aufgabe 1.1: Beide Texte veranschaulichen eindrucksvoll die Schwierigkeit der Arbeit in der Nationalversammlung. Die Paulskirche als Tagungsort bietet zwar dem Plenum genug Platz, Ausschuß- oder Fraktionsarbeit ist jedoch unmöglich. Den Abgeordneten fehlt die Erfahrung in der Parlamentsarbeit, von allen geachtete Regeln und Gepflogenheiten müssen sich erst noch ausbilden. Vor allem aber beklagen beide Abgeordnete sich über das Verhalten ihrer Kollegen von der Linken und vor allem über die Unruhe und Einmischung der Zuschauer. Diese Klagen offenbaren zugleich aber das rege Interesse der Öffentlichkeit an der Arbeit und den Entscheidungen der Nationalversammlung sowie deren lebhafte, ja bisweilen hektische Debatten mit harten Auseinandersetzungen zwischen den politischen Lagern.

Aufgabe 1.2: Der politische Standort Grimms und v. Mohls kann nur negativ, d.h. aus ihrer Abgrenzung von der demokratisch-republikanischen Linken erschlossen werden. So tadelt Grimm die „frechen und törichten anträge (!) für Hecker und seine Partei", und von Mohl beklagt sich über das „ungezogene Benehmen" und den „Mangel an feinerer Bildung" bei einer guten „Anzahl von Mitgliedern der Linken". Die engagierte Schilderung zeigt aber auch, daß beide der Nationalversammlung grundsätzlich positiv gegenüberstehen und sie nicht aus konservativer oder reaktionäre Warte ablehnen. So kann geschlossen werden, daß sie wohl dem liberalen Lager zuzurechnen sind.

Aufgabe 2: Das Bild der Nationalversammlungsdebatte veranschaulicht die in den Texten geschilderte Atmosphäre in der Paulskirche. Die Paulskirche ist sowohl von Abgeordneten als auch von Zuschauern bis auf den letzten Platz gefüllt. Die Zuschauer scheinen regen Anteil zu nehmen. Auf den Tribünen sind sie nach Männern und Frauen getrennt. Auch die Debatte wirkt sehr lebendig. Der Sitzungspräsident greift mit deutlicher Geste ein, der Redner hat seinen Vortrag unterbrochen, mehrere Abgeordnete haben sich von ihren Plätzen erhoben, gestikulieren und sprechen.

Aufgabe 3.1: Die beiden Strophen des Liedes bezeugen eine sehr kritische, ja feindliche Haltung Herweghs gegenüber der Nationalversammlung. Er würdigt diese zur endlos debattierenden Schwatzbude ohne Ergebnisse ab. In der letzten Strophe gipfelt seine Ablehnung in der Forderung an das Volk, der Nationalversammlung ein gewaltsames Ende zu setzen.

Aufgabe 3.2: Die beiden Strophen des Liedes weisen Herwegh als Vertreter der radikalen Demokraten aus, die ihre Vorstellungen auf revolutionärem Wege zu verwirklichen suchten, nachdem sie im Vorparlament gescheitert waren.

Aufgabe 4: Als Beispiele könnten genannt werden:
- Die Staatsform (Republik, Erbmonarchie oder Wahlmonarchie)
- Die Staatsorganisation (Einheitsstaat mit starker Zentralgewalt oder Bundesstaat mit starken Einzelstaaten)
- Das Staatsgebiet (großdeutsch oder kleindeutsch)
- Die Soziale Frage
- Die Stellung eines geeinten Deutschlands in Europa

Bewertungsvorschlag:

Aufgabe	Anteil an der Gesamtzensur
1.1	20 %
1.2	10 %
2	20 %
3.1	20 %
3.2	10 %
4.	20 %

Literatur:

Görtemaker, M.: Deutschland im 19. Jahrhundert, Entwicklungslinien, Schriftenreihe der Bundeszentrale für politische Bildung, Bd. 203, Bonn 3. Aufl. 1987.
Langewiesche, D.: Europa zwischen Restauration und Revolution 1815–1849, Oldenbourg-Grundriß der Geschichte Bd. 13, München 1985.
Nipperdey, T.: Deutsche Geschichte 1800–1866, Bürgerwelt und starker Staat, München 1983.
Wollstein, G.: Deutsche Geschichte 1848/49, Gescheiterte Revolution in Mitteleuropa, Stuttgart, Berlin, Köln, Mainz 1986.

Arbeitsmaterial:

M 1: Lied von Georg Herwegh „Mein Deutschland, strecke die Glieder“

1. Mein Deutschland, strecke die Glieder
Ins alte Bett, so warm und weich;
Die Augen fallen dir nieder
Du schläfriges, deutsches Reich.

2. Hast lange geschrien dich heiser –
Nun schenke dir Gott die ewige Ruh!
Dich spitzt ein deutscher Kaiser
Pyramidalisch zu.

3. O Freiheit, die wir meinen.
O deutscher Kaiser, sei gegrüßt!
Wir haben auch nicht einen
Zaunkönig eingebüßt!

4. Sie sind uns alle verblieben;
Und als wir nach dem Sturm gezählt
Die Häupter unserer Lieben,
Kein einziges hat gefehlt.

5. Deutschland nimmt nur die Hüte
Den Königen ab, das genügt ihm schon;
Der Deutsche macht in Güte
Die Revolution.

6. Die Professoren reißen
Uns weder Thron noch Altar ein;
Auch ist der Stein der Weisen
Kein deutscher Pflasterstein.

7. Wir haben, was wir brauchen;
Gesegnet sei der Völkerlenz!
Wir dürfen auch ferner rauchen
In unserer Residenz.

M 2: Karikatur „Andere Zeiten – andere Sitten“

Andere Zeiten –
Am 22. März 1848: Hut ab!

– andere Sitten
Am 26. Februar 1849: Hüte ab!

M 3: Zwei deutsche Historiker über die Revolution von 1848/49

M 3a: Rudolf Stadelmann (1948)

„Mit dem Sieg der gegenrevolutionären Kräfte im Herbst 1848 begann dann Deutschland gegen den Willen der Nation Schritt für Schritt wieder in das Dreigestirn der Heiligen Allianz zurückzutreten, aus dem es sich gerade frei gemacht hatte. In den Augen Europas bildete es mit Österreich und Rußland zusammen für die nächsten 40 Jahre aufs neue jenen schweren Block der Reaktion, von dem alle Hemmungen und Störungen auszugehen schienen, und den das Abendland in einem harten selbstzerstörerischen Kampf überwinden mußte. Das Scheitern der Revolution von 1848 hat nicht bloß innerpolitisch Deutschland um Jahrzehnte zurückgeworfen und seine organische Entwicklung verhindert, sondern auch außenpolitisch den deutschen Staat in jene Vereinsamung hineingetrieben, die mit der Vernichtung in zwei Weltkriegen geendet hat."

M 3b: Thomas Nipperdey (1983)

„Es ist die Vielzahl der Probleme und ihrer Unlösbarkeiten gewesen, die zum Scheitern der Revolution geführt hat. Man wollte einen Staat gründen und eine Verfassung durchsetzen, beides zugleich, und das angesichts gravierender sozialer Spannungen... Das Ergebnis der Revolution ist nicht nur das Scheitern. Die Revolution hat über alle Eliten hinweg eine nationale Öffentlichkeit geschaffen, eine nationaldemokratische Nation. Die Revolution hat die Ära Metternichs, die Ära der Restauration beendet und auch die wesentlichen Bestände der feudalen Gesellschaft beseitigt. Trotz des Scheiterns – die Zeit seither ist bürgerlicher geworden. Und der Übergang Preußens in die Reihe der Verfassungsstaaten paßt in diesen Zusammenhang. Der Aufstieg der Bürger war nicht auf Dauer abgeblockt, er war abgebremst, aber nach zehn Jahren setzte er wieder ein. Nichts war nach der Revolution mehr so, wieder so wie vorher. Aber die Krise zwischen Staat und Gesellschaft blieb unausgetragen; das belastete die deutsche Geschichte."

Quelle:

M 1: *Lipping, A.* und *Grabendorff, B.* (Hrsg.): 1848. Der Deutsche macht in Güte die Revolution, Fischer Taschenbuch Verlag, Frankfurt a.M. 1982, S. 150.
M 2: a.a.O. S. 151.
M 3a: *Stadelmann, R.*: Das Jahr 1848 und die deutsche Geschichte, in: Die deutsche Revolution von 1848/49, hg. v. *D. Langewiesche*, Wege der Forschung, Bd. 164, Wissenschaftliche Buchgesellschaft Darmstadt 1983, S. 37.
M 3b: *Nipperdey, T.*: Deutsche Geschichte 1800–1866, Bürgerwelt und starker Staat, C.H. Beck'sche Verlagsbuchhandlung München 1983, S. 669 f.

Aufgaben:

1. Erarbeite aus dem Liedtext (M 1), wie Herwegh den Verlauf der Revolution beurteilt und wo sein politischer Standort ist!
2. Beschreibe die Karikatur (M 2), und stelle den Bezug zum Verlauf der Revolution her!
3. Vergleiche die Urteile von Stadelmann (M 3a) und Nipperdey (M 3b) zur historischen Bedeutung der Revolution von 1848/49 in Deutschland!

Lernvoraussetzungen:

Im Unterricht sollten folgende Aspekte der Revolution behandelt worden sein:
- Ursachen und Verlauf der Revolution (Frankfurt und Berlin)
- Politische Gruppierungen in der Revolution
- Scheitern und Wirkung der Revolution

Die Schüler werden sicher nicht die einzelnen Aspekte des Liedes von Herwegh erfassen, doch in der Gesamttendenz sollten sie die Kritik und ihren politischen Hintergrund erkennen können. Ebenso sollten sie trotz des sprachlichen Niveaus der Texte beim Vergleich die deutlichen Unterschiede in den Urteilen Stadelmanns und Nipperdeys erarbeiten können.

Leistungserwartungen:

Aufgabe 1: Die Schüler müssen nicht die Anspielungen der einzelnen Strophen erarbeiten. Sie sollten feststellen, daß Her-weghs Erwartungen an die Revolution unerfüllt geblieben sind. Herwegh verspottet die Inkonsequenz der deutschen „Revolutionäre" beim Umgang mit den Monarchen. Sie sind nach dem „Sturm" der Revolution nicht nur alle noch da – selbst die „Zaunkönige" der „Kleinstfürstentümer" –, sondern die Nationalversammlung will auch noch einen deutschen Kaiser dazu haben. Die „Professoren", Synonym für die Paulskirchenversammlung, sind nicht zum radikalen Vorgehen („Pflastersteine") gewillt. Das Lied verrät eindeutig Herweghs republikanisch-demokratische Einstellung. Die Revolution „in Güte", den Vereinbarungsweg mit den Monarchen, lehnt er ab.

Aufgabe 2: Die Karikatur zeigt König Friedrich Wilhelm IV. von Preußen im März 1848 und im Februar 1849. Auf dem ersten Bild hat er seine Pickelhaube abgenommen und verneigt sich vor den Revolutionären, wobei er jedoch noch immer von oben herabblickt. Hier soll der Erfolg der Märzrevolution dargestellt werden, der politische Zugeständnisse des Königs und die Verneigung vor den Toten der revolutionären Kämpfe brachte. Schon im Sommer formierten sich jedoch die konservativen Gegenkräfte und im Dezember 1848 wurde das Parlament aufgelöst. Das zweite Bild zeigt den wiedererstarkten König. Nun haben die vor ihm angetretenen Zivilisten und Offiziere ihre Hüte abgenommen und verneigen sich vor ihm. Mit der Ablehnung der ihm von der Nationalversammlung angebotenen Kaiserkrone offenbart der Preußenkönig das Scheitern der Revolution und den Sieg der Reaktion.

Aufgabe 3: Beide Historiker stellen übereinstimmend das Scheitern der Revolution fest. Stadelmann betont den Rückschritt und sieht eine Verbindung zwischen der 1849 abgebrochenen Modernisierung in Deutschland und den beiden Weltkriegen. Nipperdeys Urteil fällt eindeutig positiver aus. Auch er stellt zwar eine historische Belastung als Folge der gescheiterten Revolution fest, betont aber andererseits die positiven Wirkungen der Revolution, die Ansätze zur Modernisierung und Demokratisierung, die sie trotz des Scheiterns entfaltete.

Bewertungsvorschlag:

Aufgabe	Anteil an der Gesamtzensur
1	40 %
2	30 %
3	30 %

Literatur:

Langewiesche, D.: Europa zwischen Restauration und Revolution 1815–1849, Oldenbourg-Grundriß der Geschichte Bd. 13, München 1985.
Lutz, H.: Zwischen Habsburg und Preußen, Deutschland 1815–1866, Die Deutschen und ihre Nation Bd. 2, Berlin 1985.
Siemann, W.: Die deutsche Revolution von 1848/49, Frankfurt a.M. 1985.
Wollstein, G.: Deutsche Geschichte 1848/49, Gescheiterte Revolution in Mitteleuropa, Stuttgart, Berlin, Köln, Mainz 1986.

Arbeitsmaterial:

M 1: Stationen auf dem Weg zur Reichsgründung

1815: ....
1834: ....
1848: ....
1849: ....
1862: ....
1864: ....
1866: ....
1870/71: ....

A: Bismarck wird preußischer Ministerpräsident
B: Gründung des Deutschen Zollvereins
C: Krieg verbündeter deutscher Staaten gegen Frankreich; Gründung des Deutschen Reiches in Versailles
D: Deutsche Nationalversammlung in der Frankfurter Paulskirche
E: Deutsch-dänischer Krieg: Preußen und Österreich erzwingen den Verzicht Dänemarks auf Schleswig-Holstein
F: Ablehnung der Kaiserkrone durch den Preußenkönig FriedrichWilhelm IV.; Ende der Nationalversammlung
G: Krieg zwischen Preußen und Österreich; Auflösung des Deutschen Bundes
H: Gründung des Deutschen Bundes

M 2: Der Historiker Hagen Schulze über die Bedeutung der Revolution von 1848/49 auf dem Weg zum deutschen Nationalstaat

„Mit der Revolution war auch der Traum von der Errichtung eines alle Deutschen umfassenden Nationalstaates auf freiheitlicher Grundlage gescheitert. Aber die Revolution hatte auch in manchem Klarheit geschaffen: das erstemal machten die Deutschen die Erfahrung, daß ihre nationale Hoffnung eines, die Wirklichkeit Europas ein anderes war. Im ostmitteleuropäischen Raum, das hatte sich gezeigt, war eine reinliche Trennung der deutschen, polnischen und tschechischen Ambitionen nicht möglich, ... Und es hatte sich auch zum Exempel gezeigt, wie eng die Grenzen einer Duldung der deutschen Nationalbewegung im europäischen Rahmen gezogen waren. Jeder Versuch, den deutschen Nationalstaat auf Kosten des europäischen Friedenssystems von 1815 zu begründen, stieß auf die entschlossene Gegnerschaft anderer europäischer Staaten. Und schließlich hatte sich in den Rede- schlachten der Paulskirche die Frage geklärt, was denn das deutsche Vaterland sei. Die Alternativen hießen Groß-Deutschland unter habsburgischer Führung und unter Einbeziehung der österreichischen Teile des Deutschen Bundes, oder aber Klein-Deutschland ohne Österreich unter preußischer Hegemonie.

M 3: Bismarcks „Blut- und Eisen"-Erklärung vor der Budgetkommission des preußischen Abgeordnetenhauses (1862)

„Nicht auf Preußens Liberalismus sieht Deutschland, sondern auf seine Macht; Bayern, Württemberg, Baden mögen dem Liberalismus indulgieren, darum wird ihnen doch keiner Preußens Rolle anweisen; Preußen muß seine Kraft zusammenfassen und zusammenhalten auf den günstigen Augenblick, der schon einige Male verpaßt ist; Preußens Grenzen nach den Wiener Verträgen sind zu einem gesunden Staatsleben nicht günstig; nicht durch Reden und Majoritätsbeschlüsse werden die großen Fragen der Zeit entschieden – das ist der große Fehler von 1848 und 1849 gewesen – sondern durch Eisen und Blut..."

Quelle:

M 2: Der Text von *Hagen Schulze* ist dem Band Wege zum Nationalstaat entnommen; © 1985 Deutscher Taschenbuch Verlag, München.
M 3: Geschichte in Quellen, Band 5, Das bürgerliche Zeitalter 1815–1914, bearbeitet von *Günter Schönbrunn*, Bayerischer Schulbuch-Verlag, München 1980, S. 312 f.
Aufgabe 4: *Bluntschli, J.C.*, zit. nach *Gall, L.*: Bismarck, Der weiße Revolutionär, Frankfurt a.M., Berlin, Wien 1980, S. 381.

Aufgaben:

1. Ordne den Jahreszahlen (M 1) die entsprechenden Ereignisse zu!
2. Formuliere mit eigenen Worten, welche Erkenntnisse nach Schulze (M 2) aus der Revolution von 1848/49 für die nationale Einigung Deutschlands gewonnen werden konnten!

3.1 Erarbeite den Leitgedanken zur Reichsgründung, den Bismarck in seinem Redeauszug (M 3) entwickelt!
3.2 Belege die Umsetzung der Überlegung Bismarcks anhand ausgewählter Daten aus M 1!

4. Der in Heidelberg lehrende Schweizer Staatsrechtler Johann Caspar Bluntschli äußerte im Juni 1866, Bismarcks Politik sei „die deutsche Revolution in Kriegsform, geleitet von oben nach unten, der Natur der Monarchie gemäß".
   Erkläre den in der Folgezeit häufig verwendeten Begriff der „Revolution von oben"!

Lernvoraussetzungen:

Die vorliegende Arbeit ist für eine Unterrichtsreihe zur Entstehung des deutschen Nationalstaates konzipiert, die sowohl den gescheiterten Versuch der nationalen Einigung 1848/49 als auch den erfolgreicheren Weg Bismarcks über die „Einigungskriege" bis 1870/71 berücksichtigt.

Leistungserwartungen:

Aufgabe 1:

1815:	H
1834:	B
1848:	D
1849:	F
1862:	A
1864:	E
1866:	G
1870/71:	C

Aufgabe 2: Hagen Schulze zeigt die europäische Perspektive der Schaffung eines deutschen Nationalstaates auf und sieht in den fehlgeschlagenen Versuchen von 1848/49 einen Klärungsprozeß. Sein Urteil lautet, daß die europäischen Staaten der Verwirklichung eines starken deutschen Nationalstaates Widerstand entgegensetzten, daß sie die Wiener Ordnung mit einem aufgesplitterten Deutschland erhalten wollten. Geklärt sieht er auch die Frage des Staatsgebietes, d.h. die Entscheidung zwischen großdeutscher und kleindeutscher Lösung.
Aufgabe 3.1 und 3.2: Aus der Zeittafel sollten die Kriege gegen Dänemark (1864), Österreich (1866) und Frankreich (1870/71) als Belege für die Verwirklichung des Bismarkschen Konzepts von der Reichseinigung durch „Blut und Eisen" genannt werden.
Aufgabe 4: Als „Revolution von oben" versuchten sowohl Anhänger als auch Gegner Bismarcks die für sie verwirrende Tatsache zu erklären, daß sich unter konservativen Vorzeichen, von der Exekutive in Gang gesetzt und gesteuert, in Deutschland Veränderungen in einem Umfang und mit einer Schnelligkeit vollzogen, die wie bei einer Revolution die Grenzen der bisherigen Ordnung sprengten und die bestehenden Verhältnisse umwälzten.
Der Historiker Lothar Gall kommentiert die Erklärung als „Revolution von oben" folgendermaßen: „In der Tat stellt das Jahr 1866 in der Geschichte Mitteleuropas eine ganz entscheidende Zäsur dar, eine viel tiefere als die eigentliche Reichsgründung von 1870/71, die in mancherlei Hinsicht nur noch das in Realität umsetzte, was dort schon angelegt war. Die äußere und vor allem auch die innere Ordnung des alten Deutschland, seine Parteienlandschaft wie sein Verfassungssystem, seine vorherrschenden Rechtsprinzipien in Wirtschaft, Gesellschaft und Staat wie viele seiner bisherigen politischen und gesellschaftlichen Normen wurden durch die Ereignisse dieses Jahres grundlegend verändert. Aber so scharf der Einschnitt auch war – in Wahrheit handelte es sich doch nur um das Durchbrechen sehr viel tiefer angelegter, längerfristiger Entwicklungstendenzen, gleichsam um das Öffnen des Vorhangs vor einer schon längst aufgebauten Szenerie. Dementsprechend bleibt jede Interpretation vordergründig, die das Ganze wesentlich unter dem Aspekt der politischen Manipulation durch einen großen Einzelnen darstellt und dramatisiert." (*Gall, L.*: Bismarck, Der weiße Revolutionär, Frankfurt a.M., Berlin Wien 1980, S. 381.)

Bewertungsvorschlag:

Aufgabe	Anteil an der Gesamtzensur
1	20 %
2	20 %
3.1	20 %
3.2	10 %
4	30 %

Literatur:

Gall, L.: Bismarck, Der weiße Revolutionär, Frankfurt a.M., Berlin, Wien 1980.
Gall, L.: Europa auf dem Weg in die Moderne 1850–1890, Oldenbourg-Grundriß der Geschichte, Bd. 14, München ^{2}1989.
Langewiesche, D.: Europa zwischen Restauration und Revolution 1815–1849, Oldenbourg-Grundriß der Geschichte Bd. 13, München 1985.
Lutz, H.: Zwischen Habsburg und Preußen, Deutschland 1815–1866, Die Deutschen und ihre Nation Bd. 2, Berlin 1985.

Arbeitsmaterial:

Auszug aus der Rede des damaligen Bundespräsidenten Heinemann aus Anlaß des 100. Jahrestages der Reichsgründung:

Unsere Geschichte ist in vieler Hinsicht anders verlaufen als die unserer Nachbarn: Man hat uns eine „verspätete Nation" genannt. In der Tat haben wir unsere nationale Einheit 1871 später und unvollkommener erlangt als andere Nationen. Der Ruf nach Einheit erhob sich in den Befreiungskriegen gegen Napoleon, bei den unruhigen Studenten auf dem Wartburgfest 1817, in der großartigen Volksfeier 1832 auf dem Hambacher Schloß und sonderlich im Sturm und Drang der Jahre 1848/49. Aber ein jedes Mal wurde der Ruf von jenen Dutzenden von Fürstenstaaten erstickt, in die Deutschland zerrissen blieb. Durften wir 1871 jubeln? Emanuel Geibel hat es stellvertretend für viele (...) mit dem Vers getan „(...) so sprang aus Bismarcks Haupt das Reich waffengerüstet hervor." Bismarck als Schöpfer der Einheit mit Blut und Eisen – so wurde es gelehrt und in der Fülle der gewidmeten Denkmäler in den deutschen Landschaften dargestellt.

Wir müssen erkennen, daß dieses eine Vereinfachung ist, bedenklich wie jede Vereinfachung, richtig und falsch zugleich. Bismarck erzwang 1871 den kleindeutschen fürstlichen Bundesstaat (...) – das ist richtig. Aber Bismarck gehört nicht in die schwarzrotgoldene Ahnenreihe derer, die mit der Einheit des Volkes zugleich demokratische Freiheit wollten. Wer also die Linie von den Befreiungskriegen und der Wartburg, über Hambach, Frankfurter Paulskirche und Rastatt als Endstation der Revolution von 1848/49 bis nach Sedan und Versailles zieht, verzerrt den Gang der Geschichte.

In unserer Nationalhymne des Demokraten Hoffmann von Fallersleben aus dem Jahre 1841 singen wir von Einigkeit und Recht und Freiheit. So aber sang erst die Weimarer Republik. Im Kaiserreich, bis 1918, sang man „Heil Dir im Siegerkranz". (...)

Die Reichsgründung hatte die Verbindung von demokratischem und nationalem Wollen zerrissen.

Quelle:

Ebeling, H./Birkenfeld, W.: Die Reise in die Vergangenheit, Band 3, Lehrerausgabe, Westermann Schulbuch Verlag, Braunschweig 1976, S. 189.

Aufgaben:

1. Nenne die Jahreszahlen zu folgenden Ereignissen, und bringe sie in die richtige zeitliche Reihenfolge:
   - Emser Depesche
   - Schlacht bei Königgrätz
   - Abtretung Elsaß-Lothringens an Deutschland
   - Deutsch-Französischer Krieg
   - Gründung des Norddeutschen Bundes
   - Ausrufung des Deutschen Reiches im Schloß zu Versailles
   - Ende des Deutschen Bundes
2. Erkläre den Begriff Nationalstaat, und entscheide, ob das Kaiserreich ein Nationalstaat war!
3. Erläutere, wie der preußisch-österreichische Krieg den politischen Liberalismus beeinflußte!

4.1 Erläutete anhand des Arbeitsmaterials, wie Heinemann die Reichsgründung beurteilt!

4.2 Erschließe Begründungen für die Einschätzung Heinemanns!

Lernvoraussetzungen:

Die Schülerinnen und Schüler sollten informiert sein über:

- Stationen der deutschen Nationalstaatsentwicklung (Befreiungskriege, Deutscher Bund, Hambacher Fest, Revolution von 1848/49, preußisch-österreichischer Dualismus, Deutsch-Französischer Krieg und Reichsgründung);
- Hemmnisse für die Herstellung von nationaler Einheit und Freiheit bis 1871;
- Bismarcks Rolle bei der Verwirklichung des kleindeutschen Nationalstaats;
- Bismarck und der politische Liberalismus: Verfassungskonflikt und Spaltung des Liberalismus.

Leistungserwartungen:

Aufgabe 1:

(Juni) 1866	• Ende des Deutschen Bundes
(Juli) 1866	• Schlacht bei Königgrätz
1866/1867	• Gründung des Norddeutschen Bundes
(Juli) 1870	• Emser Depesche
1870/1871	• Deutsch-Französischer Krieg
(Januar 1871)	• Ausrufung des Deutschen Reiches im Schloß zu Versailles
(Mai) 1871	• Abtretung Elsaß-Lothringens an Deutschland

Aufgabe 2: Ein Nationalstaat ist ein Staat, in dem Menschen gemeinsamer Abstammung und Sprache leben, die sich einander zugehörig fühlen. Im Idealfall umfaßt der Nationalstaat die gesamte Nation.
Trotz nationaler Minderheiten (Polen, Dänen, Litauer, Elsässer und Lothringer) kann das Kaiserreich als Nationalstaat bezeichnet werden. Die kleindeutsche Lösung schloß allerdings die Deutsch-Österreicher aus.

Aufgabe 3: Die Liberalen sahen in Bismarcks Vorgehen bei der Durchsetzung der Heeresreform einen schweren Verfassungsbruch (1862). Als Preußen 1866 mit nichtbewilligten Geldern den Krieg gegen Österreich gewonnen hatte, betrachtete ein großer Teil der Liberalen Bismarcks Politik nicht mehr vom Rechtsstandpunkt aus, sondern im Hinblick auf den nationalstaatlichen Erfolg: Aus dem „verhaßten Konfliktminister" war ein erfolgreicher Staatsmann geworden.
Deshalb erhielt er vom preußischen Abgeordnetenhaus für sein Vorgehen bei der Heeresreform Straflosigkeit bescheinigt. In der liberalen Fortschrittspartei kam es zum Streit um diese Indemnitätsvorlage, der zur Gründung der Nationalliberalen Partei führte, die Bismarcks Politik unterstützte.

Aufgabe 4.1: Heinemann stellt im Zusammenhang mit der Reichsgründung die Frage, ob die Deutschen darüber jubeln durften. Er beantwortet die Frage differenziert, da er einerseits herausstellt, daß 1871 die nationale Einheit erreicht wurde, und andererseits mehrere Aussagen macht, die eine ablehnende Beantwortung der Frage ausdrücken. Insbesondere kritisiert Heinemann, daß mit der Einheit nicht zugleich demokratische Freiheit erreicht wurde („haben wir unsere nationale Einheit...unvollkommener erlangt", „Bismarck gehört nicht in die...Ahnenreihe derer, die mit der Einheit des Volkes zugleich demokratische Freiheit wollten", „Verbindung von demokratischem und nationalem Wollen zerrissen"). Vielmehr war das Kaiserreich ein Bundesstaat, in dem das monarchische Element überwog („Bismarck erzwang 1871 den kleindeutschen fürstlichen Bundesstaat"). Denn das Bemühen der liberalen Nationalbewegung, einen liberalen Nationalstaat zu schaffen („von den Befreiungskriegen... [bis zur] Revolution von 1848/49"), war gescheitert. Vielmehr kam die Reichsgründung durch militärische Gewalt („Einheit mit Blut und Eisen") und ohne Mitwirkung des Volkes zustande.

Aufgabe 4.2 (für leistungsstarke Schüler): Die Schüler können herausstellen, daß Heinemann positive und negative Aspekte der Reichsgründung anführt, da eine einseitige Sicht eine unzulässige Betrachtung wäre, die der Situation von 1871 nicht gerecht würde. Eine mögliche Begründung für die Negativeinschätzung Heinemanns liegt in der durch die Umstände der Einheit geschaffenen obrigkeitsstaatlichen Struktur des Reiches, die gewaltsame Politik im Innern ermöglichte und die Bürger zu unmündigen Untertanen machte.

Bewertungsvorschlag:

Aufgabe	Anteil an der Gesamtzensur
1	15 %
2	15 %
3	20 %
4.1	50 %

Die Aufgabe 4.2 sollte nur in sehr leistungsstarken Gruppen gestellt werden.

Literatur:

Stürmer, M.: Die Reichsgründung, Deutscher Nationalstaat und europäisches Gleichgewicht im Zeitalter Bismarcks, München 1984.
Schieder, T.: Vom Deutschen Bund zum Deutschen Reich, Gebhardt Handbuch der deutschen Geschichte Band 15, München 1975.

Arbeitsmaterial:

M 1: Aus einem Brief Heinrich von Sybels an Hermann Baumgarten vom 27. Januar 1871

„Wodurch hat man die Gnade Gottes verdient, so große und mächtige Dinge erleben zu dürfen? Und wie wird man nachher leben? Was zwanzig Jahre der Inhalt alles Wünschen und Strebens gewesen, das ist nun in so unendlich herrlicher Weise erfüllt! Woher soll man in meinen Lebensjahren noch einen neuen Inhalt für das weitere Leben nehmen?“

M 2: Aus der Festrede des Königsberger Historikers W. Maurenbrecher zum 75. Geburtstag Wilhelms I. am 22. März 1871

„Herrlich sind die Errungenschaften dieser Kriegszeit. Nicht die glühendste Phantasie eines deutschen Patrioten hätte bei der letzten Feier dieses Tages für möglich gehalten, daß in einem Jahre erreicht werden könne, was erreicht ist... Zurückgewonnen der nationalen Gemeinschaft ist die Grenzmark im Westen; heimgeführt sind die entfremdeten und verlorenen Söhne der gemeinsamen deutschen Mutter. Gleichzeitig mit dem Wiedergewinn der alten Reichslande ist auch das deutsche Reich ins Leben zurückgkehrt. Wir haben wieder ein deutsches Reich, einen deutschen Kaiser! ...“

M 3: Zeitgenössische Darstellung der Feier des deutschen Sieges im Krieg gegen Frankreich am 16. Juni 1871 in Berlin

M 4: Georg Herwegh, Prophezeiung (Februar 1871)

Germania, der Sieg ist dein!
Die Fahnen wehn, die Glocken klingen,
Elsaß ist dein und Lotharingen;
Du sprichst: „Jetzt muß der Bau gelingen,
Bald holen wir den letzten Stein.“

Gestützt auf deines Schwertes Knauf,
Lobst du in frommen Telegrammen
Den Herrn, von dem die Herren stammen,
Und aus Zerstörung, Tod und Flammen
Steigt heiß dein Dank zum Himmel auf.

Nach vierundzwanzig Schlachten liegt
Der Feind am Boden überwunden;
Bis in die Stadt voll Blut und Wunden,
die keinen Retterarm gefunden,
Brichst du dir Bahn: du hast gesiegt!

Schwarz, weiß und rot! Um dein Rapier
Vereinigt stehen Süd und Norden;
Du bist im ruhmgekrönten Morden
Das erste Land der Welt geworden:
Germania, mir graut vor dir!

Mir graut vor dir, ich glaub fast,
Daß du, in argen Wahn versunken,
Mit falscher Größe suchst zu prunken
Und daß du, gottesgnadentrunken
Das Menschenrecht vergessen hast.

Quelle:

M 1: Geschichte in Quellen, Band 5, Das bürgerliche Zeitalter 1815–1914, bearbeitet von *Günter Schönbrunn*, Bayerischer Schulbuch-Verlag, München 1980, S. 373 f.
M 2: *Rohlfes, J.*: Staat und Nation im 19. Jahrhundert. Historisch-Politische Weltkunde. Kursmaterialien Geschichte Sekundarstufe II, Kollegstufe, Ernst Klett Schulbuchverlag, Stuttgart 1990, S. 123.
M 3: © Archiv für Kunst und Geschichte, Berlin. Entnommen aus *Müller, H.M.*: Schlaglichter der deutschen Geschichte, 2. Auflage, Mannheim 1993, S. 183.
M 4: *Rohlfes, J.*: Staat und Nation im 19. Jahrhundert. Historisch-Politische Weltkunde. Kursmaterialien Geschichte Sekundarstufe II, Kollegstufe, Ernst Klett Schulbuchverlag, Stuttgart 1990, S. 123.

Hinweise zum Material:
M 1: *Sybel, Heinrich von*, 1817–1895, Historiker, 1862–1864 Mitglied des preußischen Abgeordnetenhauses und Gegner Bismarcks, Aussöhnung während seiner Zeit als nationalliberaler Abgeordneter im Norddeutschen Reichstag. *Baumgarten, Hermann*, 1825–1893, Historiker und liberaler Politiker.
M 4: Rapier: franz. Fechtwaffe, Degen.

Aufgaben:
1. Erarbeite aus den Texten von Sybel (M 1) und Maurenbrecher (M 2) die Stimmung der Verfasser und ihre Bewertung der Ereignisse des Jahres 1871!
2. Beschreibe die Darstellung der Siegesfeier (M 3)! Achte dabei auf die abgebildeten Personen! Versuche die Atmosphäre dieses Tages zu charakterisieren!
3.1 Untersuche, wie Georg Herwegh Deutschlands Rolle im Krieg und die Reichsgründung bewertet (M 4)!
3.2 Erschließe aus dem Gedicht die politische Einstellung Herweghs!
4. Deute den Satz des führenden zeitgenössischen Konservativen Großbritanniens, Disraeli, der die Reichsgründung in einer Unterhausrede als „die deutsche Revolution“ und als „ein größeres Ereignis als die Französische Revolution des vorigen Jahrhunderts“ bezeichnete!

Lernvoraussetzungen:

Die Arbeit ist für eine Unterrichtseinheit konzipiert, die den Weg zum deutschen Nationalstaat von der Zeit des Vormärz über die Revolution von 1848/49 bis zu den Reaktionen auf den deutschen Sieg über Frankreich und die Kaiserproklamation in Versailles verfolgt. Durch die Auswahl der Materialien und Aufgaben sollen die Schüler in besonderer Weise zur multiperspektivischen Betrachtung der Reichsgründung angeregt werden.

Leistungserwartungen:

Aufgabe 1: Sybel und Maurenbrecher preisen die Reichsgründung euphorisch. Die Sprache ist übervoll von Pathos, beide sehen alle ihre patriotischen Wünsche zur nationalen Einigung erfüllt, ja sogar übertroffen. Maurenbrecher wertet die Annexion Elsaß-Lothringens als Heimführung verlorener Söhne. Keiner der beiden Historiker stellt den Krieg als Mittel der Nationalstaatsbildung in Frage, keiner von beiden hat mögliche negative außenpolitische Folgen, z.B. französische Revanchegedanken, im Blick.

Aufgabe 2: Die Abbildung zeigt die Siegesfeier vor dem Brandenburger Tor in Berlin. Das Tor ist mit Girlanden geschmückt, rings um den Platz sind Tribünen für die Zuschauer aufgebaut, der Platz selbst ist voll von berittenem Militär. Uniformierte prägen das Bild. Einen Kontrast bildet eine Gruppe weiß und festlich gekleideter junger Frauen, deren Anführerin dem Kaiser einen Siegerkranz überreicht. In weißer Uniform (wie auf dem Proklamationsbild von A. v. Werner) beobachtet Bismarck die Szene. Trotz der Fülle wirkt die Menge diszipliniert, die Siegesbegeisterung scheint sich geordnet zu äußern.

Aufgabe 3.1: Auch wenn der Beginn der ersten Strophe den Eindruck erwecken könnte, Herwegh reihe sich in die Schar der Siegesbegeisterten ein, so wird doch bald deutlich, daß er die Reichsgründung als Akt des Grauens, als Produkt der Zerstörung und des Mordens wertet. Durch die Verwendung der an einen Siegeshymnus erinnernden Form wird die inhaltliche Ablehnung des Geschehens nur noch eindrucksvoller. Die Diskrepanz von Form und Inhalt provoziert. Herwegh kritisiert nicht nur die deutsche Kriegführung und die Annexion Elsaß-Lothringens, er prangert nicht nur deutschen Größenwahn an, er wendet sich auch gegen die Vereinnahmung Gottes für den Krieg und den Siegesjubel.

Aufgabe 3.2: Herwegh steht in Opposition zur politischen Führung und mit seiner Kritik am Krieg und an der Reichsgründung auf Kosten einer anderen Nation bringt er sich auch in Gegensatz zur überwiegenden Mehrheit der Deutschen. Herwegh, der schon während der Revolution von 1848/49 als überzeugter Republikaner gekämpft hatte, sieht in dem unter Bismarcks Führung geeinten Deutschland nicht das deutsche Vaterland, für das er eingetreten ist. Militarismus, übertriebenen Nationalismus und blinden Siegestaumel lehnt er entschieden ab.

Aufgabe 4: Der Satz Benjamin Disraelis bringt die Befürchtungen vieler europäischer Nachbarn Deutschlands angesichts des Sieges über Frankreich und der Reichsgründung zum Ausdruck. Gerade aus der Perspektive Großbritanniens ist das Gleichgewicht der Mächte auf dem europäischen Kontinent nun zerstört. Trotz der immer wiederholten Versicherungen Bismarcks, Deutschland sei nun „saturiert“, ist die Furcht vor „germanischen“ Eroberungsgelüsten nicht beseitigt.

Bewertungsvorschlag:

Aufgabe	Anteil an der Gesamtzensur
1	20 %
2	15 %
3.1	20 %
3.2	10 %
4	35 %

Literatur:

Gall, L.: Bismarck, Der weiße Revolutionär, Frankfurt a.M., Berlin, Wien 1980.
Gall. L.: Europa auf dem Weg in die Moderne 1850–1890, Oldenbourg-Grundriß der Geschichte, Bd. 14, München ^{2}1989.
Görtemaker, M.: Deutschland im 19. Jahrhundert, Entwicklungslinien, Schriftenreihe der Bundeszentrale für politische Bildung, Bd. 203, Bonn 3. Aufl. 1987.
Ullmann, H. P.: Das Deutsche Kaiserreich 1871–1918, Frankfurt a.M. 1995.
Nipperdey, T.: Deutsche Geschichte 1866–1918, Bd. 2: Machtstaat vor der Demokratie, München 1992.
Zechlin, E.: Die Reichsgründung, Deutsche Geschichte, Ereignisse und Probleme Bd. 3, Frankfurt a.M., Berlin, Wien ^{2}1974.

Arbeitsmaterial:

M 1: Steckbrief gegen Bischof Martin (1875)

1875 *Paderborn, 26. Dec. (Steckbrief hinter einen Bischof.) Das hiesige Kreisgericht sendet dem Bischof Martin folgenden Steckbrief nach:
„Der frühere Bischof Dr. Conrad Martin zu Paderborn ist durch rechtskräftige Erkenntnisse des königlichen Appellationsgerichts zu Arnsberg vom 23. September d.J. wegen Zuwiderhandlung gegen die Vorschriften des Gesetzes vom 11. Mai 1873 über die Vorbildung und Anstellung der Geistlichen in 4 Fällen zu je 600 Mark Geldstrafe oder im Unvermögensfalle zu 24 Wochen Haft verurtheilt. Da der Verurtheilte, welcher in Wesel internirt war, sich heimlich von dort fortgemacht hat und dessen gegenwärtiger Aufenthalt unbekannt ist, so werden unter Mittheilung des Signalements alle Sicherheitsbehörden ersucht, denselben im Betretungsfalle zu verhaften und der nächsten Gerichtsbehörde, welche um Strafvollstreckung und Benachrichtigung ersucht wird, vorzuführen. Vor- und Zuname Dr. Conrad Martin, Wohnort Wesel, Gewerbe oder Stand vormals Bischof von Paderborn, Religion katholisch, Alter 63 Jahre, Größe 5 Fuß 6 Zoll (rheinl.), Haupthaar grau und dünn, Bart rasirt, Stirn hoch, Augenbrauen grau, Augen grau, Nase länglich, Mund gewöhnlich, Zähne mangelhaft, Kinn länglich, Gesicht länglich, Gesichtsfarbe gesund, Statur schlank. Besondere Kennzeichen keine.“

> 1875 * **Paderborn**, 26. Dec. (Steckbrief hinter einen Bischof.) Das hiesige Kreisgericht sendet dem Bischof Martin folgenden Steckbrief nach:
> „Der frühere Bischof Dr. Conrad Martin zu Paderborn ist durch rechtskräftige Erkenntnisse des königlichen Appellationsgerichts zu Arnsberg vom 23. September d. J. wegen Zuwiderhandlung gegen die Vorschriften des Gesetzes vom 11. Mai 1873 über die Vorbildung und Anstellung der Geistlichen in 4 Fällen zu je 600 Mark Geldstrafe oder im Unvermögensfalle zu 6 Wochen Haft, also insgesammt zu 2400 Mark oder im Unvermögensfalle zu 24 Wochen Haft verurtheilt. Da der Verurtheilte, welcher in Wesel internirt war, sich heimlich von dort fortgemacht hat und dess n gegenwärtiger Aufenthalt unbekannt ist, so werden unter Mittheilung des Signalements alle Sicherheitsbehörden ersucht, denselben im Betretungsfalle zu verhaften und der nächsten Gerichtsbehörde, welche um Strafvollstreckung und Benachrichtigung ersucht wird, vorzuführen. Vor- und Zuname Dr. Conrad Martin, Wohnort Wesel, Gewerbe oder Stand vormals Bischof von Paderborn, Religion katholisch, Alter 63 Jahre, Größe 5 Fuß 6 Zoll (rheinl.), Haupthaar grau und dünn, Bart rasirt, Stirn hoch, Augenbrauen grau, Augen grau, Nase länglich, Mund gewöhnlich, Zähne mangelhaft, Kinn länglich, Gesicht länglich, Gesichtsfarbe gesund, Statur schlank. Besondere Kennzeichen keine.

M 2: Auszug aus einer Rede Bismarcks im preußischen Herrenhaus vom 10. März 1873

„Die Frage, in der wir uns befinden, wird m.E. gefälscht, und das Licht, in dem wir sie betrachten, ist ein falsches, wenn man sie als eine konfessionelle, kirchliche betrachtet. Es ist wesentlich eine politische; es handelt sich nicht um den Kampf, wie unsern katholischen Mitbürgern eingeredet wird, einer evangelischen Dynastie gegen die katholische Kirche, es handelt sich nicht um den Kampf zwischen Glauben und Unglauben, es handelt sich um den uralten Machtstreit, der so alt ist wie das Menschengeschlecht, um den Machtstreit zwischen Königtum und Priestertum, den Machtstreit, der viel älter ist als die Erscheinung unseres Erlösers in dieser Welt,... Dieser Machtstreit unterliegt denselben Bedingungen wie jeder andere politische Kampf, und es ist eine Verschiebung der Frage, die auf den Eindruck auf urteilslose Leute berechnet ist, wenn man sie darstellt, als ob es sich um Bedrückung der Kirche handelte. Es handelt sich um Verteidigung des Staates, es handelt sich um die Abgrenzung, wie weit die Priesterherrschaft und wie weit die Königsherrschaft gehen soll, und diese Abgrenzung muß so gefunden werden, daß der Staat seinerseits dabei bestehen kann. Denn in dem Reiche dieser Welt hat er das Regiment und den Vortritt.“

M 3: Karikatur „Friede, teurer Friede“

(Text unter der Karikatur: Zwischen Berlin und Rom wird der Tomahak begraben und die Flinte ins Korn geworfen.)

Zwischen Berlin und Rom wird der Tomahawk begraben und die Flinte ins Korn geworfen.

Quelle:

M 1: Erzbischöfliches Generalvikariat, Paderborn, Erzbistumsarchiv (Bischöfe II, 2), abgedruckt in: Ludwig Windthorst 1812–1891. Christlicher Parlamentarier und Gegenspieler Bismarcks. Begleitbuch zur Gedenkausstellung aus Anlaß des 100. Todestages, hrsg. v. Landkreis Emsland und der Ludwig-Windthorst-Stiftung, Meppen, Lingen 1991, S. 182.
M 2: Bismarck und der Staat. Ausgewählte Dokumente, eingeleitet *von Rothfels, H.*, Darmstadt 1958, S. 263 f., zit. nach *Görtemaker, M.*: Deutschland im 19. Jahrhundert, Entwicklungslinien, 3. durchgesehene Auflage Verlag Leske + Budrich, Opladen 1989, S. 233.
M 3: *Hüsgen, E.*: Ludwig Windthorst, Sein Leben, sein Wirken, Köln 1911, zit. nach: Ludwig Windthorst 1812–1891. Christlicher Parlamentarier und Gegenspieler Bismarcks. Begleitbuch zur Gedenkausstellung aus Anlaß des 100. Todestages, hrsg. v. Landkreis Emsland und der Ludwig-Windthorst-Stiftung, Meppen, Lingen 1991, S. 203.

Hinweise zum Material:

M 1: Seit 1856 war Konrad Martin Bischof von Paderborn. Unter ihm entwickelte sich das Bistum zu einem Zentrum des Widerstandes gegen die Maigesetze. Mit der Begründung, daß sein Verhalten mit der öffentlichen Ordnung nicht vereinbar sei, wurde er im Januar 1875 aus dem Amt entlassen. Eines seiner „Vergehen“ war z.B., daß er einem Priester ohne staatliche Genehmigung gestattet hatte, in einer Pfarrei auszuhelfen.

Aufgaben:

1. Erkläre am Beispiel des „Falles Martin“ (M 1) die Vorgehensweise Bismarcks gegen die katholische Kirche im „Kulturkampf“ und die Reaktion der Katholiken!

2.1 Erarbeite aus der Rede (M 2) Bismarcks Begründung für den „Kulturkampf“!

2.2 Setze Dich kritisch mit Bismarcks Rede auseinander, indem Du Bismarcks Auffassung andere Gründe für das Vorgehen gegen die katholische Kirche gegenüberstellst!

3. Interpretiere die Karikatur (M 3), und erläutere kurz, wie der „Kulturkampf“ beendet wurde!

Lernvoraussetzungen:

Die Schüler sollten im Unterricht Ursachen und Anlaß des Kulturkampfes kennengelemt haben. Auch die Situation der Katholiken im preußischen Staat und die Entwicklung der katholischen Kirche auf dem I. Vatikanischen Konzil sollte behandelt worden sein. Wichtige „Kampfgesetze“, die Hauptbeteiligten und der Ausgang des Kulturkampfes sollten bekannt sein.

Leistungserwartungen:

Aufgabe 1: Als rechtliche Grundlage der steckbrieflichen Verfolgung des katholischen Bischofs Conrad Martin wird eines der Maigesetze des Jahres 1873 genannt. Dieses Gesetz machte die Übernahme eines geistlichen Amtes von der Ablegung des Abiturs an einem deutschen Gymnasium, dem Studium an einer deutschen Universität und der Ablegung eines „Kulturexamens“ in Philosophie, Geschichte und deutscher Literatur abhängig. Außerdem wurde dem Oberpräsidenten Einspruchsrecht gegen die Übertragung geistlicher Ämter eingeräumt.
Die Maigesetze markierten eine neue Stufe der staatlichen Einflußnahme auf das kirchliche Leben. Begonnen hatte der „Kulturkampf“ zwischen preußischem Staat und katholischer Kirche 1871 mit dem „Kanzelparagraphen“. Bis 1875 wurde der Streit durch weitere Gesetze verschärft, bis hin zur Ausweisung von Geistlichen aus dem Reichsgebiet und zur Aufhebung der Klöster in Preußen.
Der katholische Klerus reagierte auf die Gesetze mit passivem Widerstand, bei dem er von der katholischen Bevölkerung nachhaltig unterstützt wurde. Vom Papst wurden die Gesetze für nichtig erklärt und ihre Befolgung mit dem Kirchenbann bedroht. Der Zusammenhalt der Katholiken wurde durch die Gründung von katholischen Vereinen und Zeitungen gestärkt, die Zentrumspartei erfuhr deutlichen Aufschwung.

Aufgabe 2.1: Bismarck stellt den Kulturkampf in seiner Rede als „Verteidigung des Staates“ gegen unzulässige Einflußnahme der Kirche dar, als Auseinandersetzung um die angemessene Abgrenzung der staatlichen und kirchlichen Einflußsphären. Den Vorwurf des Konfessionsstreits, der „Bedrückung der [katholischen] Kirche“ im evangelischen Preußen, weist Bismarck als Täuschungsversuch zurück.

Aufgabe 2.2: Bismarck verschweigt sein tiefes Mißtrauen gegen die katholische Kirche, die auf dem Vatikanischen Konzil die Grundsätze des politischen, kulturellen und wirtschaftlichen Liberalismus verworfen und die päpstliche Unfehlbarkeit in Lehrentscheidungen definiert hatte. Er verschweigt seine Intention, den Einfluß des politischen Katholizismus in Gestalt der Zentrumspartei zurückdrängen und die scharfe Trennung von Kirche und Staat herbeiführen zu wollen. Hinzu kommt bei Bismarck das Mißfallen über den Einfluß der katholischen Geistlichen, insbesondere in den polnischsprachigen Gebieten Preußens, durch den er die polnischen Nationalbestrebungen begünstigt sieht.

Aufgabe 3: Im Vordergrund der Karikatur „begräbt“ Bismarck den Kulturkampf, d.h. die Ausnahmegesetze gegen die katholische Kirche, die hier durch Gewehr und Streitaxt symbolisiert werden. Im Hintergrund schauen Windthorst, der Führer der Zentrumspartei, und Papst Leo XIII. zu.
Der Karikaturist sieht Bismarck als Verlierer des Kulturkampfes, der sich vor seinen katholischen Gegenspielern beugen muß, der den Frieden „teuer“ erkaufen muß.
Da der passive Widerstand der katholischen Geistlichen und ihr Rückhalt in der katholischen Bevölkerung nicht zu brechen war, suchte Bismarck nach dem Tod Papst Pius IX. den Ausgleich mit dessen Nachfolger Leo XIII. Die meisten gesetzlichen Maßnahmen der Kulturkampfzeit wurden aufgehoben. Erhalten blieben u.a. die Zivilzwangsehe und die staatliche Schulaufsicht. Der alte Zustand war also nicht wiederhergestellt, doch ging der politische Katholizismus gestärkt aus der Auseinandersetzung hervor. Es blieben allerdings auch Belastungen für das Verhältnis der gesellschaftlichen Gruppen als Resultat des Kulturkampfes bestehen.

Bewertungsvorschlag:

Aufgabe	Anteil an der Gesamtzensur
1	30 %
2.1	20 %
2.2	25 %
3.	25 %

Literatur:

Nipperdey, T.: Deutsche Geschichte 1866–1918, Bd. 2: Machtstaat vor der Demokratie, München 1992.
Nipperdey, T.: Religion im Umbruch, Deutschland 1870–1918, München 1988.
Schmidt-Volkmar, E.: Der Kulturkampf in Deutschland 1871–1890, Göttingen, Berlin, Frankfurt a.M. 1962.
Thamer, H.-U.: Verführung und Gewalt, Die Deutschen und ihre Nation Bd. 5, Berlin 1986.

Arbeitsmaterial:

M 1: Auflösung einer Arbeiter-Versammlung

M 2: Aus den Erinnerungen August Bebels

„Sobald das Gesetz verkündet und in Kraft getreten war, fielen die Schläge hageldicht. Binnen wenigen Tagen war die gesamte Parteipresse mit Ausnahme des Offenbacher Tageblatts und der Fränkischen Tagespost in Nürnberg unterdrückt. Das gleiche Schicksal teilte die Gewerkschaftspresse... Ebenso verfielen der Auflösung die zahlreichen lokalen sozialdemokratischen Arbeitervereine, nicht minder die Bildungs-, Gesang- und Turnvereine, an deren Spitze Sozialdemokraten standen... 67 unserer bekanntesten Parteigenossen, bis auf einen sämtliche Familienväter, wurden ausgewiesen. Einige mußten binnen 24 Stunden die Stadt verlassen, die meisten anderen binnen 48 Stunden, einigen wenigen räumte man eine Frist von drei Tagen ein... Die fortgesetzten Ausweisungen und die Schikanierung der Ausgewiesenen durch die Polizei hatten aber einen Erfolg, den unsere Staatsretter nicht vorausgesehen. Durch die Verfolgungen bis aufs äußerste erbittert, zogen sie von Stadt zu Stadt, suchten überall die Parteigenossen auf, die sie mit offenen Armen aufnahmen, und übertrugen jetzt ihren Zorn und ihre Erbitterung auf ihre Gastgeber, die sie zum Zusammenschluß und zum Handeln anfeuerten. Dadurch wurde eine Menge örtlicher geheimer Verbindungen geschaffen, die ohne die Agitation der Ausgewiesenen kaum entstanden wären."

Quelle:

M 1: Archiv Gerstenberg und Wietze, abgedruckt in: Fragen an die deutsche Geschichte. Ideen, Kräfte, Entscheidungen von 1800 bis zur Gegenwart. Katalog zur Historischen Ausstellung im Reichstagsgebäude in Berlin, Bonn 14. Aufl. 1988, S. 210.
M 2: *Bebel, A.*: Aus meinem Leben, 3. Teil, S. 20 f., zit. nach: *Hug, W.* (Hrsg.): Unsere Geschichte, Bd. 3, Verlag Moritz Diesterweg, Frankfurt a.M. 1988, S. 112.

Aufgaben:

1.1 Beschreibe kurz die Darstellung (M 1), und zeige die Verbindung zum Sozialistengesetz auf!
1.2 Erkläre Ursachen und Anlaß des Sozialistengesetzes, und erläutere die Ziele, die Bismarck mit ihm verfolgte!
2. Erarbeite aus den Erinnerungen Bebels (M 2) die Auswirkungen des Sozialistengesetzes für die Sozialdemokraten und deren Reaktion!
3. Beurteile, ob Bismarck seine mit dem Sozialistengesetz verfolgten Ziele erreichte!

Lernvoraussetzungen:

Im Rahmen der Behandlung des Deutschen Kaiserreiches ist die vorliegende Arbeit für die thematische Einheit „Das Sozialistengesetz“ als Beispiel für die Auseinandersetzung Bismarcks mit den sog. „Reichsfeinden“ konzipiert. Die Schüler sollten mit Bismarcks Motivation beim Kampf gegen die Sozialdemokratie, mit der Entwicklung und politischen Ausrichtung der Sozialdemokratie vor und während der Zeit des Sozialistengesetzes und mit dem Verlauf und den Wirkungen der Auseinandersetzung vertraut sein.

Leistungserwartungen:

Aufgabe 1.1: In einem großen, hallenartigen, aber aufwendig ausgestatteten Saal blickt eine dichtgedrängte Menge von Männern, die größtenteils Hüte tragen, auf ein Podium bzw. eine Empore, wo ein Polizist mit Pickelhaube sich an die Versammlung wendet. Neben ihm sitzt ein zweiter Polizist an einem Tisch, zwei Männer in Zivil befinden sich ebenfalls auf der Empore.
Der Titel „Auflösung einer Arbeiter-Versammlung“ zeigt die Verbindung der dargestellten Szene zum Reichsgesetz „wider die gemeingefährlichen Bestrebungen der Sozialdemokratie“, durch das 1878 bis 1890 die Organisationen, die Publizistik und die Aktivitäten der Partei verboten und ihre Führer verfolgt, eingesperrt und ausgewiesen werden konnten. Das Bild belegt die von der Polizei genutzte Möglichkeit, sozialdemokratische Versammlungen, Feste oder Umzüge aufzulösen und Gastwirten die Konzession zu entziehen.

Aufgabe 1.2: Als Anlaß bzw. Vorwand für das von Bismarck schon seit 1874 angestrebte Sozialistengesetz dienten zwei Attentate auf Kaiser Wilhelm I., bei denen die Täter jedoch nicht der Sozialdemokratie angehörten.
Bismarck und die Befürworter des Sozialistengesetzes fürchteten eine Revolution, getragen von den Sozialisten. Diese waren gegen einen Annexionskrieg gewesen und blieben auch nach der Reichsgründung Gegner eines Nationalstaates bismarckscher Prägung. Als „Reichsfeinde“ oder „vaterlandslose Gesellen“ diffamiert und ausgegrenzt, konzentrierten sich die Sozialdemokraten – bei ständig wachsender Mitgliederzahl – auf die eigenen Vereine und Organisationen.
Die Zerschlagung der sozialdemokratischen Parteiorganisation und der Gewerkschaften war das Hauptziel Bismarcks. Unangetastet blieb allerdings die Reichstagsfraktion der SPD sowie das aktive und passive Wahlrecht für Sozialdemokraten.
Aufgabe 2: Bebels Erinnerungen machen deutlich, daß das Sozialistengesetz zwei Stoßrichtungen hatte. Zum einen sollte die Parteipresse geknebelt und die breit gefächerte Parteiorganisation zerschlagen werden, zum anderen sollte durch Ausweisungen (insgesamt etwa 1000) die Funktionärsebene zur Untätigkeit verurteilt und zermürbt werden. Deutlich wird auch, daß die Maßnahmen die Partei in den Untergrund drängten und zur Solidarisierung und Entschlossenheit der Mitglieder führten.

Aufgabe 3: Was sich bei Bebel schon andeutet, bestätigt der historische Befund: das Sozialistengesetz wurde nach anfänglichen Erfolgen zu einem klaren Mißerfolg Bismarcks. Die Zerschlagung der Organisation mißlang, es entstand ein System von Untergrund- und Ersatzorganisationen, die innere Solidarität der Partei wuchs, und trotz der Unterdrückung verbesserten sich die Wahlergebnisse der Sozialdemokratie (1878: 425 000 Wähler – 1890: 1 427 000 Wähler). Für die politische und gesellschaftliche Entwicklung Deutschlands hatte das Sozialistengesetz langfristige negative Folgen. Die Integration der Arbeiterschaft in die Gesellschaft und die Einbindung der Sozialdemokratie in das politische System wurden durch die Erfahrungen der Verfolgungszeit unter dem Sozialistengesetz nachhaltig behindert.

Bewertungsvorschlag:

Aufgabe	Anteil an der Gesamtzensur
1.1	15 %
1.2	30 %
2	25 %
3	30 %

Literatur:

Gall, L.: Bismarck, Der weiße Revolutionär, Frankfurt a.M., Berlin, Wien 1980.
Görtemaker, M.: Deutschland im 19. Jahrhundert, Entwicklungslinien, Schriftenreihe der Bundeszentrale für politische Bildung, Bd. 203, Bonn 3. Aufl. 1987.
Klönne, A.: Die deutsche Arbeiterbewegung, Geschichte, Ziele, Wirkungen, Düsseldorf, Köln ^{2}1981.
Miller, S., Potthoff, H.: Kleine Geschichte der SPD, Darstellung und Dokumentation 1848–1980, Bonn ^{4}1981.
Nipperdey, T.: Deutsche Geschichte 1866–1918, Bd. 2: Machtstaat vor der Demokratie, München 1992.

Arbeitsmaterial:

M 1: Aus einem Gespräch Bismarcks mit dem Afrikareisenden Eugen Wolf in Friedrichsruh am 5.12.1888: Bismarck zu Wolf:

> „Ihre Karte von Afrika ist ja sehr schön, aber meine Karte von Afrika liegt in Europa. Hier liegt Rußland, und hier (...) liegt Frankreich, und wir sind in der Mitte; das ist meine Karte von Afrika.“

M 2: Die Karikatur stellt Kaiser Wilhelm II. dar:

Quelle:
M 1: Bismarck, Die gesammelten Werke, Bd. 8, Zweiter Band der Abteilung Gespräche: Bis zur Entlassung Bismarcks, hrsg. von *Andreas, W.*, Otto Stollberg & Co. Verlag für Politik und Wirtschaft, Berlin 2. Auflage 1926, S. 646.
M 2: Karikatur der New Yorker Zeitschrift „Judge“ aus dem Jahre 1899, abgebildet in: *Hirschfelder, H./Nutzinger, W.*: Buchners Kolleg Geschichte, Das Kaiserreich 1871–1918, C.C. Buchners Verlag, Bamberg 1987, S. 116.

Aufgaben:

1. Zeichne in die Skizze das europäische Bündnissystem unter Bismarck ein! Benenne die einzelnen Bündnisse! Zeige anschließend anhand des Bündnissystems das Ziel der Außenpolitik Bismarcks auf!

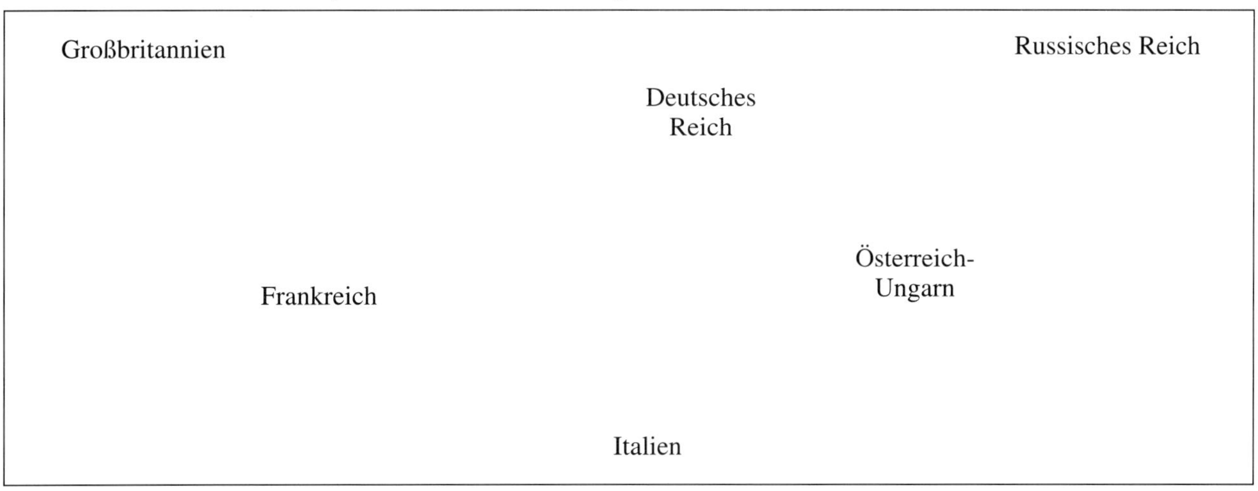

2. Erkläre mit Hilfe von M 1 Bismarcks Einstellung zum Erwerb von Kolonien!
3. Definiere den Begriff „Neuer Kurs“!

4.1 Erläutere die Aussageabsicht der Karikatur (M 2)!

4.2 Gib der Karikatur einen Titel!

Lernvoraussetzungen:

Die Schülerinnen und Schüler sollten informiert sein über:
- Grundzüge der Außenpolitik Bismarcks und Bismarcks Bündnissystem;
- Deutsche Kolonialpolitik unter Bismarck;
- Bismarcks Entlassung und den „Neuen Kurs" Wilhelms II. (u.a. Nichtverlängerung des Rückversicherungsvertrages, deutscher Weltmachtanspruch);
- Außenpolitische Isolierung Deutschlands im Vorkriegsjahrzehnt (Flottenbau, Entente cordiale, Marokko-Krisen).

Leistungserwartungen:

Aufgabe 1:

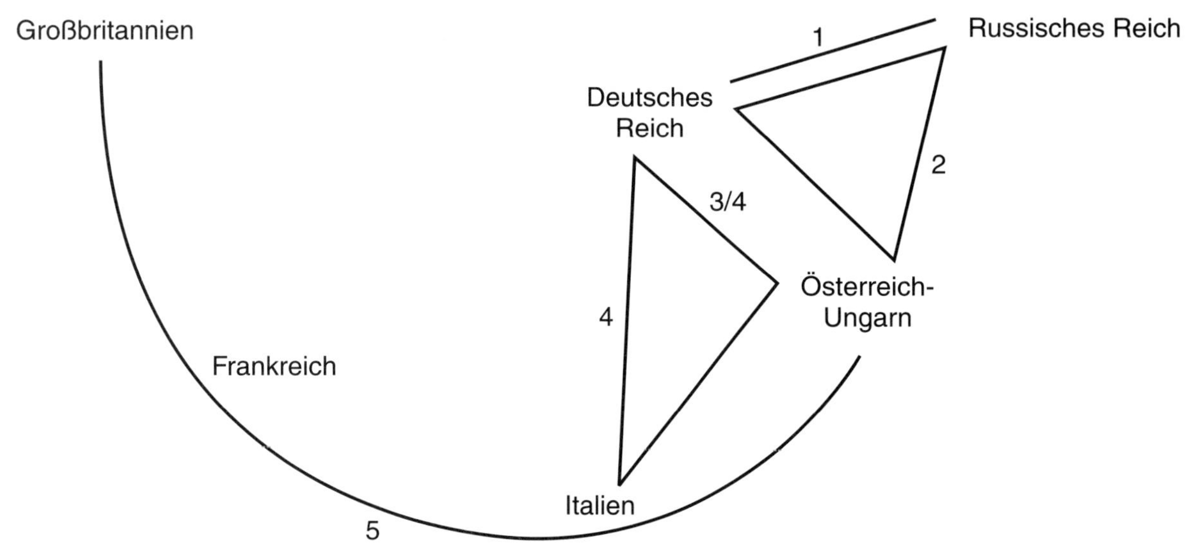

1: Rückversicherungsvertrag
2: Dreikaiserbündnis
3: Zweibund
4: Dreibund
5: Mittelmeerabkommen

Bismarck sah in der europäischen Mittellage ein Kernproblem des Reiches, das dadurch – unter Führung des besiegten Frankreichs – durch Koalitionen anderer Großmächte in die Zange genommen werden konnte. Um Deutschlands Sicherheit und die erreichte Stellung zu sichern, band Bismarck mögliche Bündnispartner Frankreichs direkt oder indirekt an Deutschland und erreichte so die Isolierung Frankreichs.

Aufgabe 2: M 1 zeigt, daß Bismarck für das Deutsche Reich keine Kolonien erwerben wollte, weil er die Interessenlage Deutschlands und der anderen Staaten sorgfältig einbezog. Da die Erde weitgehend unter den Kolonialmächten aufgeteilt war, mußte Kolonialpolitik zu Konflikten mit europäischen Großmächten führen, was die Sicherheit Deutschlands gefährdete. In dem Gespräch mit Wolf macht Bismarck auf die deutsche Mittellage zwischen Frankreich und Rußland aufmerksam. Die Schüler sollen Bismarcks Schlußfolgerung nachvollziehen, daß das Deutsche Reich ein konfliktfreies Verhältnis zu Großbritannien benötigte, um dieses von Koalitionen mit Frankreich oder Rußland abzuhalten. Deutsche Kolonialpolitik konnte also die freundschaftlichen Beziehungen zu Großbritannien belasten.
Es kann weiter erläutert werden, daß Deutschland unter Bismarck zwar ein ansehnliches Kolonialreich erwarb – allerdings in einer günstigen außenpolitischen Situation, da es 1884/85 kolonialpolitische Spannungen zwischen England und Frankreich und England und Rußland gab.

Aufgabe 3: Unter dem „Neuen Kurs" ist die nach dem Sturz Bismarcks (1890) in einem persönlichen Regiment geführte Außenpolitik Wilhelms II. zu verstehen, die grundsätzlich von der Außenpolitik Bismarcks abwich.

Aufgabe 4.1: Daß die Karikatur aus dem Jahr 1899 stammt und auf den Zusammenstoß deutscher und amerikanischer Interessen im Stillen Ozean anspielt, ist für die Bearbeitung der Aufgabenstellung nicht relevant, da der Abbildung allgemeine Aussagen zu entnehmen sind, die für die Außenpolitik Wilhelms II. insgesamt kennzeichnend waren.
Die Karikatur zeigt den deutschen Kaiser sitzend/liegend auf der Erdkugel. Der Zeichner hat Wilhelm II. mit einer überdimensionierten Nase versehen, die er in das Weltgeschehen „hineinsteckt", was kritisiert wird. Zur Erläuterung dieser Aussage muß der deutsche Weltmachtanspruch angeführt werden. Der Kaiser stellte sich an die Spitze der Kolonialbewegung, da Kolonien als Voraussetzung deutscher Weltmachtstellung gesehen wurden. Grundlage des deutschen Weltmachtanspruchs war der Aufbau einer Kriegsflotte. Beispiele, in denen sich der Weltmachtanspruch zeigte, waren das Engagement im Fernen Osten und im Stillen Ozean sowie die Einmischung in Marokko, als Frankreich das nordafrikanische Land zu einer Kolonie machen wollte, was zu den Marokkokrisen 1905/06 und 1911 führte. Die Folge waren Spannungen mit Frankreich sowie eine Vertiefung der französisch-englischen Beziehungen, was die deutsche Isolation verstärkte.

Aufgabe 4.2: Die Karikatur trägt den Titel: „Er steckt seine Nase in alles." Diese oder sinngleiche Überschriften können aus der Abbildung erschlossen werden.

Bewertungsvorschlag:

Aufgabe	Anteil an der Gesamtzensur
1	25 %
2	30 %
3	10 %
4	35 %

Literatur:

Born, K. E.: Von der Reichsgründung bis zum Ersten Weltkrieg, Gebhardt Handbuch der deutschen Geschichte Band 16, München 1974.

Arbeitsmaterial:

M 1: Aus der satirischen Zeitschrift „Simplizissimus“:

„Des deutschen Knaben Morgengebet
Du lieber Gott, ich danke dir,
Daß ich ein deutscher Knabe
Und daß ich einen deutschen Gott
Und deutsche Eltern habe!
Ich kann ja freilich nichts dafür:
Wie's kommt so muß man's nehmen. –
Doch wär' mein Vater ein Franzos,
Wie müßt' ich mich da schämen!
Verdorben wäre und verwelscht
Mein Denken und mein Sinnen;
Die Mutter wäre liederlich
Wie die Pariserinnen.
Der Vater, statt zum Skat zu gehen
Am Stammtisch in der Schenke,
Ging' abends ganz wo anders hin –
Mich schaudert's, wenn ich's denke!
Vor allem aber: ein Franzos,
Allgütiger, Allweiser,
Da hätt' ich wohl ein Vaterland,
Doch hätt' ich keinen Kaiser!
Drum dank' ich dir, du lieber Gott.
Daß ich ein deutscher Knabc,
Und bitte dich: Nimm alles hin,
Nimm alles, was ich habe!
Nimm Geld und Gut und Glück und Ehr'
Und Ruhm und Lorbeerreiser!
Nimm Vater mir und Mütterlein!
Nur laß mir meinen Kaiser!
Und wenn der Erbfeind ihn bedräut
Und Tod spielt und Verderben,
Vergönne mir als letzte Gunst.
Jauchzend für ihn zu sterben!“

Hinweise zum Material:

verwelscht: entdeutscht
bedräuen: bedrohen

M 2: Karikatur aus dem „Simplizissimus“ vom 7. Mai 1906

Erdbeben

„Wollen wir jetzt nicht mal Deutschland vornehmen? Man wird sich in Berlin sonst zurückgesetzt fühlen.“ – „Nein, lassen wir das lieber, der deutsche Untertan könnte in seinem Schlummer gestört werden.“

Hinweis zum Material:

Am 18. April 1906 fand im Raum San Francisco/USA ein schweres Erdbeben statt.

Quelle:

M 1: *E. Steiger* im „Simplizissimus“ 1907, nach: *Ebeling, H.*: Zur Didaktik und Methodik eines kind-, sach- und zeitgemäßen Geschichtsunterrichts, Schroedel Schulbuch Verlag, Hannover 1965, S. 123.
M 2: Zeichnung von *Th. Th. Heine* aus dem Simplizissimus von 1906, 11. Jahrgang, Nummer 6.

Aufgaben:

1. Skizziere die gesellschaftliche Stellung von Adel und gehobenem Bürgertum im Deutschen Kaiserreich!
2.1 Erläutere anhand des Textes, welche Einstellung großer Teile der Bevölkerung des Kaiserreiches in M 1 verspottet wird!
2.2 Erkläre, welche Ursachen die in „Des deutschen Knaben Morgengebet“ (M 1) kritisierte Einstellung hat!
3. Erläutere die Aussage von M 2!

Lernvoraussetzungen:

Die Schülerinnen und Schüler sollten informiert sein über:
- die Umstände der Reichsgründung;
- das innenpolitische System des Kaiserreiches, besonders über die Verfassung und den politischen Einfluß der verschiedenen Bevölkerungsgruppen;
- Erscheinungsformen des Obrigkeitsstaates, besonders militärisches Denken, Akzeptieren der hierarchischen Struktur und Erziehung zur Unterordnung in Schule und Armee;
- das „persönliche Regiment“ sowie das Weltmachtstreben Wilhelms II. und der deutschen Führungsschicht.

Leistungserwartungen:

Aufgabe 1: Eine der traditionellen Strukturen des Kaiserreiches war die weiterhin dominante gesellschaftliche Stellung des Adels, die darin deutlich wurde, daß nahezu alle Spitzenpositionen in Justiz, Verwaltung und in der Armee von Adligen besetzt waren. Der Adel war dementsprechend hoch angesehen – unabhängig vom persönlichen Vermögen.
Zu den Kennzeichen der gesellschaftlichen Ordnung des Kaiserreiches gehört weiter, daß die „feudale“ Lebensweise des Adels eine Vorbildfunktion für das gehobene Bürgertum hatte, das den Adel wirtschaftlich überflügelte. Dies zeigte sich in dem Bestreben, einen Adelstitel verliehen zu bekommen oder in eine adlige Familie einzuheiraten. Auch politisch war das gehobene Bürgertum am Adel orientiert, was zur Stabilisierung der Gesellschaftsordnung beitrug.

Aufgabe 2.1: Das „Morgengebet des deutschen Knaben“ verspottet besonders den übersteigerten Nationalstolz („deutscher Knabe“, „deutscher Gott“) und den damit verbundenen Franzosenhaß („Wie müßt' ich da mich schämen!“, „Die Mutter wäre liederlich“), ebenso wird die Verehrung des Kaisers in weiten Bevölkerungsteilen karikiert („Nimm alles was ich habe...Nur laß mir meinen Kaiser!“). In diesem Zusammenhang wird zum Schluß die Bereitschaft zum Heldentod für den Monarchen verurteilt.

Aufgabe 2.2: Als Ursache der in 2.1 erläuterten Einstellung muß die Prägung der Bevölkerung durch die Armee („Schule der Nation“) und die Schule genannt werden. Nach dem mißlungenen Versuch der liberalen Kräfte, ein geeintes Deutschland zu schaffen, war der kleindeutsche Staat 1871 im Krieg gegen den „Erbfeind Frankreich“ (s. Franzosenhaß) durch den preußischen Staat und seine Militärmacht geschaffen worden. Daraus resultierte die starke Stellung der Monarchie und des Militärs, die dazu führte, daß die im „Morgengebet“ verspotteten Eigenschaften der Kaiserverehrung einschließlich Opferbereitschaft und die übersteigerte Vaterlandsliebe für die Gesellschaft prägend wurden.

Aufgabe 3: Das Material karikiert den Wunsch der deutschen Eliten nach Weltgeltung. Der Zeichner zieht die Betonung des deutschen Großmachtprestiges und den Anspruch Deutschlands, als Weltmacht respektiert zu werden, dadurch ins Lächerliche, daß er der deutschen Regierung unterstellt, auch an unsinnigen Dingen wie Erdbeben beteiligt werden zu wollen („Man wird sich in Berlin sonst zurückgesetzt fühlen.“)
Ein Hinweis darauf, daß das aggressive Weltmachtstreben unter Wilhelm II. im Zusammenhang mit den allgemeinen imperialistischen Strömungen der Zeit gesehen werden muß, ist sinnvoll.
Kritisiert wird ebenso der „deutsche Untertanengeist“ („der deutsche Untertan könnte in seinem Schlummer gestört werden“), der blinde und kritiklose Gehorsam weiter Bevölkerungsteile gegenüber der monarchischen Führung, die auch bei imperialistischer und kriegerischer Politik mit Akzeptanz rechnen kann.

Bewertungsvorschlag:

Aufgabe	Anteil an der Gesamtzensur
1	20 %
2	45 %
3	35 %

Literatur:

Wehler, H.-U.: Das Deutsche Kaiserreich 1871–1918, Göttingen 1973.

Arbeitsmaterial:

M 1: Gründungsaufruf des Allgemeinen Deutschen Verbandes (April 1891)

„In die Mitte von Europa gestellt und an seinen Grenzen bedroht von fremden und feindlichen Nationalitäten, bedarf das deutsche Volk mehr als alle anderen Völker der vollen und einheitlichen Zusammenfassung seiner Kräfte, um seine Unabhängigkeit nach außen und die Entfaltung seiner Eigenart in Innern zu sichern.

Durch eig'ne Fehler und eine Reihe von weltgeschichtlichen äußeren Umständen ist Deutschland in dieser Zusammenfassung seiner nationalen Kraft um Jahrhunderte zurückgehalten und von fremden Völkern im Westen und Osten weit überholt worden.

Erst die großen Kämpfe von 1866 und 1870 errangen die Schaffung des deutschen Einheitsstaates und damit die Grundlage, auf welcher unser Volk den Wettbewerb mit anderen Nationen aufzunehmen vermag.

Auf dieser Grundlage weiter zu bauen und unserm Volk die Weltstellung zu gewinnen, wie sie seinem Rang als europäischer Großmacht entspricht, das ist sowohl Aufgabe der Regierungen wie der Nation als solcher...

In solcher Überzeugung hat sich der „Allgemeine Deutsche Verband" begründet, welcher beabsichtigt, die Anschauungen unseres Volkes im Sinne seiner großen Weltaufgaben zu gestalten und darauf hinzuwirken, daß der weitere Gang der deutschen Entwicklung sich in der Richtung dieser Gesichtspunkte vollzieht. Der Zweck des Allgemeinen Deutschen Verbandes ist:

1. Belebung des vaterländischen Bewußtseins in der Heimat und Bekämpfung aller der nationalen Entwicklung entgegengesetzten Richtungen.
2. Pflege und Unterstützung deutsch-nationaler Bestrebungen in allen Ländern, wo Angehörige unseres Volkes um die Behauptung ihrer Eigenart zu kämpfen haben, und Zusammenfassung aller deutschen Elemente auf der Erde für diese Ziele.
3. Förderung einer tatkräftigen deutschen Interessenpolitik in Europa und über See. Insbesondere auch Fortführung der deutschen Kolonial-Bewegung zu praktischen Ergebnissen."

M 2: Die Kolonialerwerbungen Großbritanniens, Frankreichs und Deutschlands 1815–1899

Jahr	Großbritannien		Frankreich		Deutschland	
	Fläche in Millionen Quadratmetern	Bevölkerung in Millionen	Fläche in Millionen Quadratmetern	Bevölkerung in Millionen	Fläche in Millionen Quadratmetern	Bevölkerung in Millionen
1815-1830	?	126,4	0,02	0,5	-	-
1830-1860	2,5	145,1	0,2	3,4	-	-
1860-1880	7,7	267,9	0,7	7,5	-	-
1880-1899	9,3	309,0	3,7	56,4	1,0	14,7

M 3: Karte der Kolonialgebiete Afrikas

Quelle:

M 1: *Bonhard, O.*: Geschichte des Alldeutschen Verbandes, Leipzig und Berlin 1920, S. 248 f., zit. nach *Görtemaker, M.*: Deutschland im 19. Jahrhundert, Entwicklungslinien, 3. durchgesehene Auflage, Verlag Leske + Budrich, Opladen 1989, S. 296.
M 2: The History of Colonisation, New York 1900, zit. in: Schmollers Jahrbuch Jg. 74, 1959, S. 206, hier zit. nach *Görtemaker, M.*: Deutschland im 19. Jahrhundert, Entwicklungslinien, 3. durchgesehene Auflage, Verlag Leske + Budrich, Opladen 1989, S. 297.

Aufgaben:

1.1 Erkläre die Begriffe „Nationalismus" und „Imperialismus"!
1.2 Beschreibe anhand des Textes (M 1) mit eigenen Worten, welche Rolle Deutschland in der internationalen Politik spielen soll und wie das Verhältnis zu anderen Staaten gesehen wird!
2. Zeichne in die Karte (M 3) die deutschen Kolonialgebiete ein!
3. Beurteile durch einen Vergleich der Kolonialerwerbungen Großbritanniens, Frankreichs und Deutschlands (M 2), ob die kolonialen Ziele des Allgemeinen Deutschen Verbandes erreicht wurden!
4. Beschreibe die Folgen kolonialer Herrschaft aus der Sicht der betroffenen Völker!

Lernvoraussetzungen:

Im Rahmen einer Unterrichtsreihe zur Epoche des Imperialismus und Nationalismus des ausgehenden 19. und beginnenden 20. Jahrhunderts sollten die Schüler deutsches Weltmachtstreben und deutschen Kolonialismus kennengelernt haben. Die vorliegende Arbeit will zur Betrachtung aus unterschiedlichen Perspektiven anregen und die Problematik des Auseinanderklaffens von Anspruch und Wirklichkeit bewußt machen. Die Schüler sollten mit der Begrifflichkeit vertraut sein und den Verlauf der deutschen Kolonialpolitik sowie die Lage der Kolonialgebiete kennen. Die Tabelle dürfte auch ohne Vorkenntnisse zu deuten sein. Bei Aufgabe 4 wird eine zusammenfassende, keine differenzierte Darstellung erwartet werden können.

Leistungserwartungen:

Aufgabe 1.1: Nach der Französischen Revolution und den Befreiungskriegen äußert sich Nationalismus in Europa zunächst im Bestreben, Menschen gleicher Sprache, Herkunft und kultureller wie politischer Tradition in einem Staat zu vereinigen. In der zweiten Hälfte des 19. Jahrhunderts wird Nationalismus vielfach durch Überlegenheitsgefühl und Sendungsbewußtsein übersteigert und führt zur aggressiven Haltung gegenüber anderen Nationen.
Der Erwerb von überseeischen Gebieten durch Unterwerfung der eingeborenen Bevölkerung und die anschließende Beherrschung und Ausbeutung wird als Imperialismus bezeichnet. Am Ende des 19. und Anfang des 20. Jahrhunderts führt er zur Aufteilung großer Teile der Erde unter den Kolonialmächten.

Aufgabe 1.2: Der Aufruf des späteren „Alldeutschen Verbandes" charakterisiert das deutsche Volk als bedroht und zu kurz gekommen. Auf dem Fundament der Reichsgründung sollen die Defizite aufgeholt und Deutschland aus der Begrenzung auf Europa befreit werden. Deutschlands Stellung als Weltmacht soll durch kämpferische Förderung des Nationalbewußtseins, Unterstützung nationalistischer Bestrebungen der Auslandsdeutschen und vor allem durch aktive Kolonialpolitik erreicht werden. Die Sprache des Aufrufs ist aggressiv nationalistisch. Mit Sendungsbewußtsein wird die Gestaltung der „großen Weltaufgaben" propagiert. Andere Völker erscheinen nur als Feinde oder Konkurrenten, mit denen Deutschland im Wettbewerb steht.

Aufgabe 2: Deutsche Kolonialgebiete in Afrika:

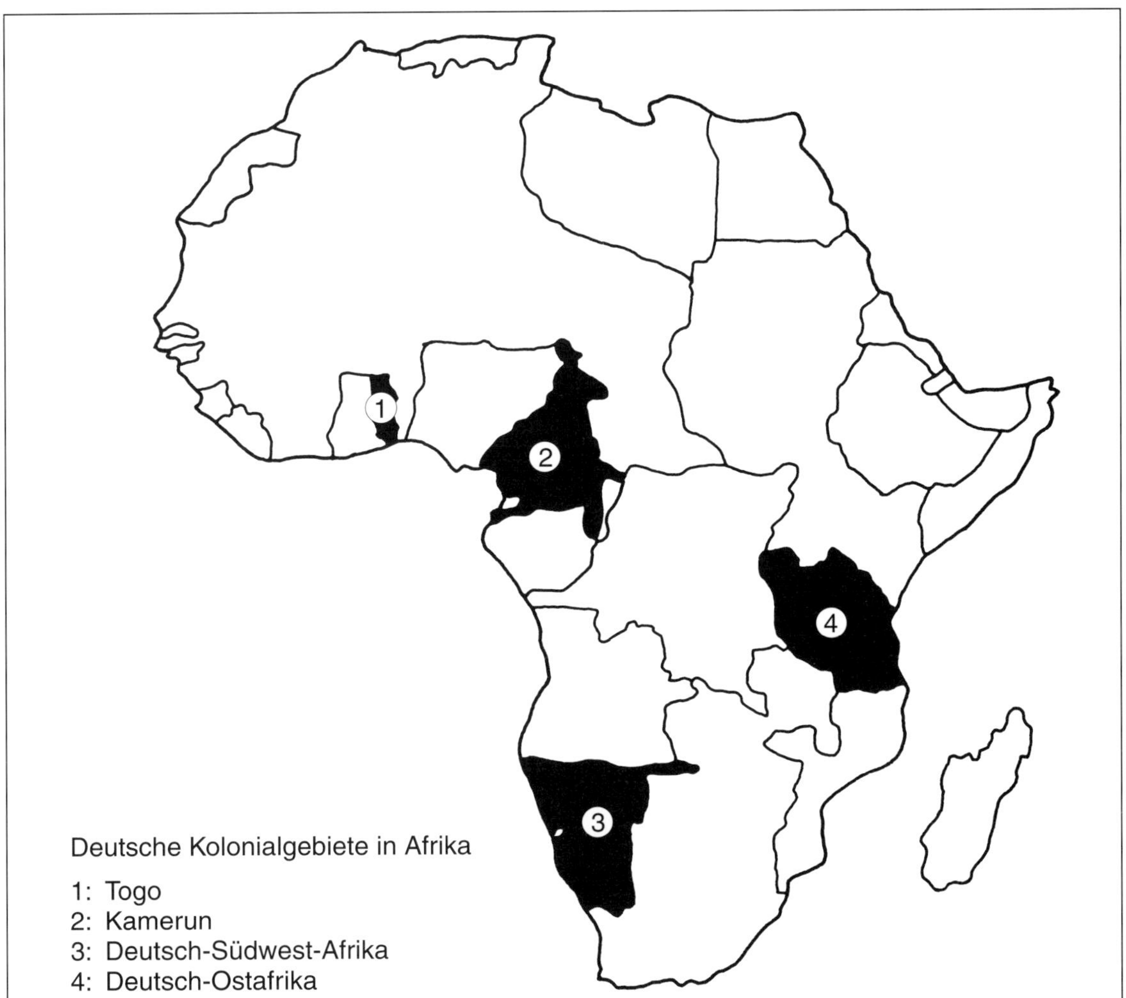

Aufgabe 3: Die Tabelle belegt eindeutig Deutschlands „Verspätung" in der Kolonialpolitik. Sie belegt durch die Angaben in der untersten Spalte aber auch, daß die Defizite aufgrund dieser „Verspätung" nicht aufgeholt werden konnten und die Ziele der Alldeutschen weitgehend verfehlt wurden. Auch in der Phase, in der das Deutsche Reich in den kolonialen Wettlauf eintritt, bleiben die Erwerbungen weit hinter denen der europäischen „Hauptkonkurrenten" Großbritannien und Frankreich zurück. Die deutsche Kolonialpolitik bleibt so im wesentlichen eine „rhetorische Leistung". Die wirtschaftliche (0,5% des Gesamtimports kommen aus den Kolonien) und die militärische Bedeutung der Kolonien bleibt verschwindend gering, ebenso die Zahl der in den Kolonien lebenden Deutschen.

Aufgabe 4: Auch wenn eine Generalisierung der Folgen kolonialer Herrschaft pauschalisiert und vielfältige Unterschiede zwischen einzelnen Nationen und einzelnen Kolonialgebieten mißachtet, so könnten die Schüler doch darauf hinweisen, daß die betroffenen Völker im allgemeinen negative Wirkungen der Kolonialisierung zu tragen hatten. Dazu zählt die Ausbeutung ihrer Gebiete oder die einseitige Erschließung durch Monokulturen, die Unterdrückung durch Zwangsarbeit, die Zerstörung der gewachsenen Kultur und Tradition. Durch Beteiligung von eingeborenen Eliten an der Herrschaft und durch kulturelle Europäisierung werden traditionelle Führungsstrukturen zerstört, bisweilen aber auch schon die Grundlagen für die Befreiung vom Kolonialismus gelegt.

Bewertungsvorschlag:

Aufgabe	Anteil an der Gesamtzensur
1.1	15 %
1.2	25 %
2.	15 %
3.	25 %
4.	20 %

Literatur:

Alter, P.: Imperialismus, Grundlagen, Probleme, Theorien, Stuttgart 1989.
Bade, K.J.: Imperialismus und Kolonialmission, Kaiserliches Deutschland und koloniales Imperium, Wiesbaden 1982.
Görtemaker, M.: Deutschland im 19. Jahrhundert, Entwicklungslinien, Schriftenreihe der Bundeszentrale für politische Bildung, Bd. 203, Bonn 3. Aufl. 1987.
Gründer, H.: Geschichte der deutschen Kolonien, Paderborn ^{2}1991.
Schieder, T.: Staatensystem als Vormacht der Welt 1848–1918, Propyläen Geschichte Europas Bd. 5, Frankfurt a.M., Berlin, Wien 1982.

Arbeitsmaterial:

M 1: Bildpostkarte „Hier ist Vater!“

M 2: Plakat „Sind wir die Barbaren?“
(Die Spalten geben von links nach rechts die Werte für Deutschland, England und Frankreich an.)

M 3: Plakat „Hamburger Opfertag“

Quelle:

M 1: Forschungsstelle Politische Ikonographie des Kunstgeschichtlichen Seminars der Universität Hamburg, zit. nach Frankfurter Allgemeine Zeitung, 08.06.1994, Nr. 130, S. N5.
M 2: Deutsches Historisches Museum, Berlin, zit. nach *Toepfer, M.*: „Jeder Schuß ein Ruß', jeder Stoß ein Franzos'...“, Internationale Kriegspropaganda im Ersten Weltkrieg, in: Praxis Geschichte, Heft 3/1995, S. 17.
M 3: *Arnold, F.* (Hrsg.): Anschläge, Deutsche Plakate als Dokumente der Zeit 1900–1960, Langewiesche-Brandt KG Verlag, Ebenhausen bei München 1963.

Aufgaben:

1. Erkläre den Begriff „Propaganda“!
2. Nenne Beispiele für den Einsatz „nicht gewaltsamer Kriegsmittel“ im Ersten Weltkrieg, und erläutere zusammenfassend die mit ihrem Einsatz verfolgten Ziele!
3. Beschreibe kurz die drei abgebildeten Propagandamittel (M 1–3), und deute kritisch die beabsichtigte Wirkung!

Lernvoraussetzungen:

Im Rahmen einer Unterrichtsreihe zum I. Weltkrieg sollte die psychologische Kriegführung gegen die Kriegsgegner, aber auch zur Beeinflussung der Bevölkerung des eigenen Landes behandelt worden sein. Die Schüler sollten verschiedene Propagandamittel in ihrer Eigenart kennengelernt haben und sich mit Propagandaäußerungen kritisch auseinandersetzen können. Sie sollten mit dem Verlauf des Krieges und der Entwicklung der Lage und Stimmung der deutschen Zivilbevölkerung vertraut sein, da durch die ausgewählten Materialien deren Beeinflussung thematisiert wird.

Leistungserwartungen:

Aufgabe 1: Der Begriff ist vom lateinischen Verb „propagare – weiter ausbreiten“ herzuleiten und bezeichnet alle Versuche, vor allem im politischen Bereich, die Meinungsbildung mündlich, schriftlich oder durch Bilder zu beeinflussen. Typische Beispiele für Situationen massiven Propagandaeinsatzes sind Wahlkämpfe und die psychologische Kriegführung.

Aufgabe 2: Im Ersten Weltkrieg kommen erstmals Flugblätter, vor allem von seiten der Kriegsgegner Deutschlands, in großem Umfang zum Einsatz. Die deutsche Seite entschließt sich erst ab August 1918 zum Einsatz von Flugblättern. Hinter den feindlichen Linien abgeworfen, sollen sie den Widerstandswillen der gegnerischen Soldaten brechen. Zur Beeinflussung der eigenen Bevölkerung dienen Plakate, Bildpostkarten, Photos, Filme, Kriegsgemälde sowie Wortbeiträge in Zeitungen und Zeitschriften. Zum einen sollen die eigene Bevölkerung möglichst umfassend für den Krieg mobilisiert, die Kriegsziele glorifiziert und die Siegeszuversicht gestärkt oder erhalten werden, zum anderen sollen Feindbilder aufgebaut und die Kriegsgegner als unzivilisierte Aggressoren entlarvt werden.

Aufgabe 3: Auf der Bildpostkarte (M 1) suchen drei kleine Kinder, die Jungen in Matrosenanzügen, fröhlich den Einsatzort ihres Vaters auf einer großen, ausgebreiteten Europakarte. Eine Gefahr für den Vater scheint nicht zu bestehen. Der Vater scheint sich nicht im Kriegseinsatz, sondern eher auf einer Vergnügungs- oder Dienstreise zu befinden. Die Karte soll die Kriegsbegeisterung der Zeit des Kriegsbeginns fördern. Voller Selbstüberschätzung ist Deutschland in den Krieg eingetreten, viele erwarten einen schnellen Sieg und die Verwirklichung hochgesteckter Kriegsziele. Die Matrosenanzüge der Jungen erinnern an die Militarisierung der Gesellschaft des Kaiserreichs, in der der Uniformierte hohes Prestige besitzt. Den Ansätzen zur Kritik am Militarismus und am Kriegseintritt begegnet die Propaganda mit Verharmlosung oder Glorifizierung des Krieges.
Das Plakat „Sind wir die Barbaren“ (M 2) listet in einer Statistik die Leistungen Deutschlands, Englands und Frankreichs in verschiedenen Bereichen des Sozial- und Bildungsbereichs und der Wissenschaft auf. Dabei sollen die Unterschiede zugunsten Deutschlands durch die Größe der gewählten Symbole besonders augenfällig gemacht werden. Mit dem Plakat soll der von den Entente-Mächten nach dem deutschen Einmarsch ins neutrale Belgien erhobene Vorwurf widerlegt werden, deutsche Soldaten seien wie „Barbaren“ oder „Hunnen“ über ein friedliches Land hergefallen und hätten Greueltaten begangen. Zugleich soll die eigene Leistungsfähigkeit und Überlegenheit gegenüber den Kriegsgegnern dokumentiert werden.
Das Plakat „Hamburger Opfertag 1915“ zeigt einen einzelnen Soldaten auf Wache in einer kargen Landschaft. Im Hintergrund sind ein Telegraphenmast und eine Straße zu erkennen. Das vierzeilige Gedicht unter dem Bild verklärt den Kriegseinsatz als gottgewollten Dienst und appelliert an die Solidarität der „Lieben zuhaus“. Der Soldat ist als der romantische Frontkämpfer der ersten Kriegsjahre abgebildet, noch ohne den Stahlhelm, der ab 1916 auf Kriegsbildern eingeführt wird und symbolische Bedeutung erhält. Das Plakat soll zu Kriegsspenden aufrufen. Nach der Wekkung der Kriegsbegeisterung am Anfang des Kriegs steht die Propaganda im weiteren Verlauf des Krieges immer mehr vor der Aufgabe, an der „Heimatfront“ die Opferbereitschaft der Zivilbevölkerung zu wecken und über Jahre zu erhalten. Diese Aufgabe wurde zunehmend durch steigende Preise bei mangelhafter Versorgung, verlängerte Arbeitszeiten und weitere Belastungen des Krieges erschwert.

Bewertungsvorschlag:

Aufgabe	Anteil an der Gesamtzensur
1	15 %
2	35 %
3	50 %

Literatur:

Herzfeld, H.: Der Erste Weltkrieg, dtv-Weltgeschichte des 20. Jahrhunderts Bd. 1, Stuttgart 1968.
Michalka, W. (Hrsg.): Der Erste Weltkrieg, Wirkung, Wahrnehmung, Analyse, München, Zürich 1994.
Schieder, T.: Staatensystem als Vormacht der Welt 1848–1918, Propyläen Geschichte Europas Bd. 5, Frankfurt a.M., Berlin, Wien 1982.
Stürmer, L.: Das ruhelose Reich, Deutschland 1866–1918, Berlin 1983.
Ulrich, V.: Als der Thron ins Wanken kam, Das Ende des Hohenzollernreiches 1890–1918, Bremen 1993.

Arbeitsmaterial:

M 1: Ansichtskarte aus dem Jahre 1914

Hinweise zum Material:

Die Aufschriften auf dem Zug lauten von links nach rechts:

- „Zum Schützenfest nach Petersburg"
- „Morgen russische Eier mit Kosakenfleischsalat"!
- „Wir wer'n das Kind schon schaukeln".

Worterklärung: Kosake: Angehöriger der russischen Reitertruppe

M 2: Der Soldat Alfred Buchalski schrieb kurz vor seinem Tod an der Front in Flandern folgenden Brief:

Vor Dixmuiden, 28. Oktober 1914
Mit welcher Freude, welcher Lust bin ich hinausgezogen in den Kampf, der mir als die schönste Gelegenheit erschien, Lebensdrang und Lebenslust sich austoben zu lassen. Mit welcher Enttäuschung sitze ich hier, das Grauen im Herzen. Und als krasser Gegensatz dazu: mit welchem Behagen sauge ich mit dieser köstlichen Luft das hundertmal verlorene Leben ein! Wie soll ich Dir das alles, was ich die letzten Tage erlebte, so recht erzählen! Ich möchte Dir in einem dieses ganze große Erlebnis: die Schlacht, berichten, und doch sind es wieder nur Einzelheiten, die sich jetzt in den Vordergrund drängen. – Es war furchtbar! Nicht das vergossene Blut, nicht auch der Umstand, daß es vergeblich vergossen war, auch nicht, daß in dunkler Nacht die eigenen Kameraden auf uns schossen, – nein, die ganze Kampfesweise ist es, die abstößt. Kämpfen wollen und sich nicht wehren können! Der Angriff, der mich so schön dünkte, was ist er anders als der Drang: hin zur nächsten Deckung da vorn gegen diesen Hagel tückischer Geschosse. Und der Feind, der sie entsendet, nicht zu sehen! ...

M 3: Postkarte aus dem Ersten Weltkrieg

M 4: Auszug aus der Rede des amerikanischen Präsidenten Wilson vor dem amerikanischen Kongreß am 2. April 1917

Der gegenwärtige deutsche Unterseebootkrieg gegen den Handelsverkehr ist ein Krieg gegen die Menschheit. Er ist ein Krieg gegen alle Nationen. Es sind keine Unterschiede gemacht worden, die Herausforderung hat der ganzen Menschheit gegolten. Jede Nation muß selbst darüber entscheiden, wie sie sie aufnehmen will. Unser Beweggrund soll nicht Rachsucht oder der Wunsch nach siegreicher Befestigung der physischen Macht der Nation sein, sondern allein die Vertretung des Menschenrechtes, für das wir nur ein einzelner Streiter sind. (...) Das Unrecht, gegen das wir jetzt auftreten, ist kein gewöhnliches Unrecht; es reicht bis an die Wurzeln des menschlichen Lebens.

Quelle:

M 1: *Stöckle, W.*: Das deutsche Kaiserreich, Ansichtskarten und Texte aus der wilhelminischen Zeit 1888–1918, Ernst Klett Schulbuch Verlag, Stuttgart 1985, S. 50.
M 2: *Witkop, Ph.* (Hrsg.): Kriegsbriefe gefallener Studenten, Verlag Albert Langen/Georg Müller, München 1928, S. 15.
M 3: *Stöckle, W.*: a.a.O. (s. M 1), S. 60.
M 4: *Hohlfeld, J.* (Hrsg.): Deutsche Reichsgeschichte in Dokumenten, Urkunden und Aktenstücke zur inneren und äußeren Politik des Deutschen Reiches, Bd. 2, SW 68, Dokumenten Verlag, Dr. Herbert Wendler KG, Berlin o.J., S. 576 f.

Aufgaben:

1. Erkläre den Schlieffen-Plan und dessen Problematik!
2.1 Beschreibe M 1, und erläutere Gründe für das Verhalten der Soldaten!
2.2 Vergleiche die Stimmung der Soldaten in M 1 mit der Stimmung des Verfassers von M 2!
3. Erläutere mit Hilfe von M 3 den Charakter des Ersten Weltkriegs!
4. Nimm kritisch Stellung zu den Ausführungen des amerikanischen Präsidenten Wilson zum Kriegseintritt der USA (M 4)!

Lernvoraussetzungen:

Die Schülerinnen und Schüler sollten Kentnisse haben über:
- Ursachen des Ersten Weltkriegs;
- Bündniskonstellation des Krieges und Verlauf des Krieges in groben Zügen;
- Politische Auswirkungen strategischer Planungen (besonders Schlieffen-Plan und uneingeschränkter U-Boot-Krieg);
- Kriegsbegeisterung bei Kriegsausbruch und Kriegswirklichkeit (Krieg des Industriezeitalters, Einbeziehung der Zivilbevölkerung);
- Ursachen und Bedeutung des Kriegseintritts der USA.

Leistungserwartungen:

Aufgabe 1: Der nach dem verstorbenen Generalstabschef benannte Plan rechnete damit, daß zwischen der Mobilmachung und der Kriegsbereitschaft des russischen Heeres längere Zeit vergehen würde. Um einen Zweifrontenkrieg zu verhindern, sollte in diesem Zeitraum die französische Armee in einer Umfassungsschlacht geschlagen werden. Danach sollte die Armee des Zarenreichs besiegt werden.
Die Problematik des Schlieffen-Plans war eine doppelte: Nur bei einem raschen Vorgehen gegen Frankreich konnte Deutschland erfolgreich sein. Deshalb mußte es unmittelbar nach der russischen Generalmobilmachung Frankreich und Rußland den Krieg erklären. Weiterhin war bedenklich, daß wegen der Umgehung des französischen Festungssystems die belgische Neutralität verletzt werden mußte, was die englische Kriegserklärung an Deutschland zur Folge hatte.

Aufgabe 2.1: Die Postkarte zeigt Soldaten in ausgelassener Stimmung, die sich in einem Zug befinden, dessen Ziel die russische Hauptstadt ist. Aufschriften, die auf den Übermut der Insassen schließen lassen, zieren die Waggons. Verschiedene Gründe sind dafür verantwortlich, daß die Kriegsteilnehmer die militärische Auseinandersetzung im Sommer 1914 als „lustiges Abenteuer" einschätzten: Da es nur Erinnerungen an rasche Kriegsabläufe, etwa die von 1866 und 1870, gab, in denen eine einzige Schlacht nach wenigen Wochen die Entscheidung brachte, rechnete man 1914 damit, daß der Krieg in kurzer Zeit beendet sein würde. Hinzu kommt der Glaube an die eigene militärische Überlegenheit, gepaart mit dem Unvermögen, sich das Ausmaß der Zerstörungskraft und Grausamkeit moderner Waffentechnik vorzustellen. Als weitere Gründe können übersteigertes Nationalgefühl und die Abnutzung der langen Friedenszeit erläutert werden: Der Krieg wurde als Möglichkeit der Bewährung in einem sinnentleerten Alltag gesehen.

Aufgabe 2.2: Im Unterschied zu den Insassen des Zuges (M 1) hat der Verfasser des Feldpostbriefes die grausame Realität des Alltags an der Front erfahren. Völlige Ernüchterung über die Kriegswirklichkeit wird deutlich („Mit welcher Enttäuschung sitze ich hier, das Grauen im Herzen.").
Verantwortlich für den raschen Stimmungswandel der Soldaten war der Charakter des Krieges, der im Zeitalter der Technik und fortgeschrittenen Industrialisierung zu einer Materialschlacht geworden war. Trommelfeuer unzähliger Geschütze hatten den Grabenkrieg und hohe Menschenverluste zur Folge („die ganze Kampfesweise ist es, die abstößt", „hin zur nächsten Deckung da vorn gegen diesen Hagel tückischer Geschosse", „das hundertmal verlorene Leben", „das vergossene Blut").

Aufgabe 3: M 3 zeigt, daß auch Frauen in der Rüstungsproduktion beschäftigt waren. Die Einberufung der Männer hatte also die Mobilisierung aller verfügbaren Arbeitskräfte zur Folge. Frauen und nicht wehrdienstfähige Männer wurden auch zwangsverpflichtet. Die Wirtschaft wurde auf die Bedürfnisse des Krieges umgestellt.
Die Einbeziehung aller Reserven der Zivilbevölkerung in Verbindung mit der völligen Ausrichtung der Wirtschaft auf den Krieg bedeutete, daß nicht nur Soldaten am Krieg beteiligt waren, sondern daß auch eine „Heimatfront" existierte. Insofern kann von einem totalen Krieg gesprochen werden.

Aufgabe 4: Der amerikanische Präsident begründet den Kriegseintritt seines Landes mit der Aufnahme des uneingeschränkten U-Boot-Krieges von deutscher Seite (Herbst 1916). Wilson erklärt diese Art der Kriegführung für menschenunwürdig und dem Völkerrecht widersprechend („Krieg gegen alle Nationen“, „Krieg gegen die Menschheit“, „Das Unrecht ...reicht bis an die Wurzeln des menschlichen Lebens“). Folgerichtig nennt er „die Vertretung des Menschenrechtes“ als zentrales Motiv für den Kriegseintritt.
Bei der kritischen Stellungnahme sollen zwei Komplexe angesprochen werden:

- Wilson mißt mit zweierlei Maß: Die englische Blockade, die Deutschland seit Kriegsbeginn von allen überseeischen Zufuhren abschnitt, hatte einen vergleichbaren Charakter wie der U-Boot-Krieg; sie traf die Zivilbevölkerung besonders hart.
- Weiter hebt Wilson einseitig das Motiv der Erhaltung der Menschenrechte hervor und verschweigt wirtschaftliche Gründe für den Kriegseintritt. Wegen der Verflechtungen zwischen der amerikanischen Wirtschaft und den deutschen Kriegsgegnern England und Frankreich (USA als Waffen- und Rohstofflieferanten) war ein Sieg der Westmächte für die US-Wirtschaft von finanziellem Interesse.

Bewertungsvorschlag:

Aufgabe	Anteil an der Gesamtzensur
1	15 %
2	35 %
3	15 %
4	35%

Literatur:

Erdmann, K.D.: Der Erste Weltkrieg, Gebhardt Handbuch der deutschen Geschichte Band 18, München 1980.

Arbeitsmaterial:

M 1: Von der Revolution zur Nationalversammlung

- A: Ausrufung der Republik in Berlin
- B: Wahlen zur Nationalversamlung
- C: Reichsrätekonferenz in Berlin
- D: Protestversammlung und Demonstration Kieler Matrosen
- E: Abdankung des Kaisers
- F: Übergabe der Geschäfte des Reichskanzlers an Ebert
- G: Zusammentritt der Nationalversammlung in Weimar
- H: Bildung des „Rates der Volksbeauftragten" aus SPD und USPD in Berlin

3. November 1918	
9. November 1918	
10. November 1918	
16. - 20. Dezember 1918	
19. Januar 1919	
6. Februar 1919	

M 2: Bildpostkarte „Die Gründung der deutschen Republik"

M 3: Aufruf an die Ende 1918 heimkehrenden Soldaten

Kameraden!

Willkommen in der Heimat!

Ein erneuertes, verjüngtes Deutschland begrüßt Euch.
Das morsche System des Militarismus ist zusammengebrochen.
Die veraltete Kastenregierung ist weggefegt für immer.

Als **freie Männer**
betretet Ihr den heiligen Boden eines
freien Deutschlands!

Nehmt den ersten Gruß des neuen Vaterlandes an seine tapferen Söhne!
Dank für Eure Taten! Dank für Eure Ausdauer!

Hört zugleich die Stimme der Heimat!

Sorgt alle dafür, daß das freie Deutschland nicht abermals geknechtet werde!
Tod der Anarchie! Tod dem Chaos!

Haltet Ordnung!

Sichert den ruhigen Verlauf der Demobilisation!
An ihr hängt alles!

Nur durch Ordnung erhalten wir
Freiheit, Frieden und Brot

Seid willkommen!

Quelle:

M 2: © Bildarchiv Preußischer Kulturbesitz, Berlin. Archiv der sozialen Demokratie, Bonn-Bad Godesberg, zit. nach: Fragen an die deutsche Geschichte. Ideen, Kräfte, Entscheidungen von 1800 bis zur Gegenwart. Katalog zur Historischen Ausstellung im Reichstagsgebäude in Berlin, Bonn 14. Aufl. 1988, S. 245.
M 3: *Arnold, F.* (Hrsg.): Anschläge. Deutsche Plakate als Dokumente der Zeit 1900–1960, II/1. © Langewiesche-Brandt KG, Ebenhausen bei München 1963.

Aufgaben:

1. Ordne den Daten (M 1) die entsprechenden Ereignisse zu!
2. Erkläre, welches Ereignis und welche Personen auf der Bildpostkarte (M 2) abgebildet sind!
3. Erarbeite die Vorstellungen, von denen der Aufruf (M 3) bestimmt ist, und schließe vom Inhalt auf mögliche Verfasser!
4. „Alle Macht der Nationalversammlung!“ oder „Alle Macht den Räten!“ Erläutere kurz, welche Kontroverse sich hinter diesen Forderungen verbirgt und wie sie endete!

Lernvoraussetzungen:

Die Schüler sollten den Verlauf der Revolution von 1918/19 von den Anfangen in Kiel über die Ereignisse in Berlin bis hin zum Zusammentritt der Nationalversammlung in Weimar kennen. Sie sollten die in dieser Zeit agierenden politischen Gruppierungen mit ihren Zielvorstellungen unterscheiden und insbesondere die Auseinandersetzung um die Frage „Nationalversammlung“ oder „Räterepublik“ darstellen können.

Leistungserwartungen:

Aufgabe 1:

3. November 1918	D
9. November 1918	E
	F
	A
10. November 1918	H
16. - 20. Dezember 1918	C
19. Januar 1919	B
6. Februar 1919	G

Aufgabe 2: Die Bildpostkarte zeigt in der Mitte die Ausrufung der Republik durch den MSPD-Politiker und späteren Reichskanzler Philipp Scheidemann am 9. November 1918 in Berlin. Zu beiden Seiten sind die sechs Mitglieder des Rats der Volksbeauftragten abgebildet. Der Rat der Volksbeauftragten, die provisorische Reichsregierung, ist paritätisch aus MSPD-Vertretern (Ebert, Scheidemann, Landsberg) und USPD-Vertretern (Haase, Dittmann, Barth) zusammengesetzt.

Aufgabe 3: Der Aufruf an die aus dem Krieg heimkehrenden Soldaten weist drei Hauptgedanken auf:

- Die Soldaten werden kameradschaftlich in der Heimat begrüßt, ihnen wird mit pathetischen Worten für den Einsatz im Krieg gedankt.
- In markigen Worten („Das morsche System des Militarismus ist zusammengebrochen. Die veraltete Kastenregierung ist weggefegt für immer.“) werden die Soldaten über den Erfolg der Revolution und das Ende des Kaiserreiches informiert.
- Eindringlich wird an die Soldaten appelliert, Ruhe und Ordnung zu bewahren und Chaos und Anarchie zu verhindern.

Das Eintreten für Ruhe und Ordnung, für einen friedlichen Verlauf der Demobilisierung und für die Sicherung der Errungenschaften der Revolution weist deutlich darauf hin, daß der Verfasser bei der MSPD zu suchen ist. Diese Partei wünscht keine Fortsetzung der Revolution, sondern die parlamentarisch-demokratische Ausgestaltung der neuen Republik.

Aufgabe 4: Die unterschiedlichen Forderungen weisen auf die unterschiedlichen Zielsetzungen der Träger der Revolution hin. Die MSPD unter der Führung Friedrich Eberts strebt die parlamentarische Demokratie an, betrachtet den Rat der Volksbeauftragten nur als Übergangsregierung und will die verfassungsmäßige Ordnung Deutschlands einer frei gewählten Nationalversammlung vorbehalten. Die USPD und die noch weiter links im politischen Spektrum stehenden Gruppen wie Spartakusbund und Revolutionäre Obleute wollen dagegen eine sozialistische Räterepublik, bei der die ungeteilte Macht in den Händen der auftragsgebundenen und abberufbaren Räte, d.h. der gewählten Vertrauensleute der Arbeiter, Bauern und Soldaten, liegt.
Beim Reichskongreß der Arbeiter- und Soldatenräte in Berlin (16.–20. Dez. 1918) setzte die MSPD mit klarer Mehrheit ihr Konzept der parlamentarischen Demokratie durch. Am 19. Januar 1919 wurde die Nationalversammlung gewählt, die am 6. Februar 1919 in Weimar zusammentrat. Spätere Versuche linksextremer Gruppen, durch Streiks und Ausrufung von Räterepubliken in verschiedenen Städten doch noch zur Verwirklichung ihrer revolutionären Ziele und zur Räterepublik zu gelangen, wurden durch Reichswehrtruppen und Freikorps blutig niedergeschlagen.

Bewertungsvorschlag:

Aufgabe	Anteil an der Gesamtzensur
1	20 %
2	15 %
3	30 %
4	35%

Literatur:

Bracher, K.D., Funke, M., Jacobsen, H.-A. (Hrsg.): Die Weimarer Republik 1918–1933, Politik, Wirtschaft, Gesellschaft, Schriftenreihe Bundeszentrale für politische Bildung Bd. 251, Bonn 1987.
Kolb, E.: Die Arbeiterräte in der deutschen Innenpolitik 1918–1919, Frankfurt a.M., Berlin, Wien 1978.
Kolb, E.: Die Weimarer Republik, Oldenbourg-Grundriß der Geschichte Bd. 16, München 1984.
Kolb, E.: Vom Kaiserreich zur Republik, Politische Neuordnung im Zeichen von militärischer Niederlage und Staatsumsturz, in: *Schulz, G.* (Hrsg.): Ploetz, Weimarer Republik, Eine Nation im Umbruch, Freiburg, Würzburg 1987, S. 18–31.
Winkler, H.A.: Die Sozialdemokratie und die Revolution von 1918/19, Ein Rückblick nach sechzig Jahren, Berlin, Bonn 1979.

Arbeitsmaterial:

M 1: Auszug aus einer Rede Friedrich Eberts, des Vorsitzenden des Rats der Volksbeauftragten, gehalten am 6. Februar 1919 bei der Eröffnung der Nationalversammlung. Ebert wurde wenige Tage später durch die Nationalversammlung zum Reichspräsidenten gewählt.

Im Vertrauen auf die Grundsätze des Präsidenten Wilson hat Deutschland die Waffen niedergelegt. Jetzt gebe man uns den Wilson-Frieden, auf den wir Anspruch haben. (Bravo!) Unsere freie Volksrepublik, das ganze deutsche Volk erstrebt nichts anderes, als gleichberechtigt in den Bund der Völker einzutreten und sich dort durch Fleiß und Tüchtigkeit eine geachtete Stellung zu erwerben. (Bravo!) [...] Wir können auch nicht darauf verzichten, die ganze deutsche Nation im Rahmen eines Reiches zu einigen. (Bravo!) Unsere deutsch-österreichischen Brüder haben auf ihrer Nationalversammlung bereits am 12. November vorigen Jahres sich als Teil der großdeutschen Republik erklärt. (Beifall.) Jetzt hat die deutsch-österreichische Nationalversammlung erneut unter stürmischer Begeisterung uns ihren Gruß entboten und die Hoffnung ausgesprochen, daß es unserer und ihrer Nationalversammlung gelingen wird, das Band, das die Gewalt 1866 zerrissen hat, wieder neu zu knüpfen. (Erneuter Beifall.) Deutsch-Österreich müsse mit dem Mutterland für alle Zeiten vereinigt werden. (Lebhafter Beifall.) [...] Unsere Stammes- und Schicksalsgenossen dürfen versichert sein, daß wir sie im neuen Reich der deutschen Nation mit offenen Armen und Herzen willkommen heißen. (Lebhaftes Bravo.) Sie gehören zu uns, und wir gehören zu ihnen. (Wiederholter Beifall.)

M 2: Zeichnung von Th. Th. Heine aus dem „Simplizissimus“
Bildunterschrift: „So – jetzt haben wir den Völkerbund: Alle gegen Einen.“

Quelle:

M 1: Funkkolleg Geschichte, Studienbegleitbrief 10, hrsg. vom Deutschen Institut für Fernstudien der Universität Tübingen, Beltz Verlag, Weinheim und Basel 1980, S. 68 f.
M 2: Zeichnung aus dem „Simplizissimus" (1921), übernommen aus: *Längin, B.G.*: Unvergessene Heimat Schlesien, Weltbild Verlag, Augsburg 1993, S. 98.

Aufgaben:

1.1 Überprüfe, inwieweit die Erwartungen Eberts an den Friedensvertrag erfüllt wurden (M 1)!
1.2 Erläutere, worauf Ebert mit seiner Aussage vom „Band, das die Gewalt 1866 zerrissen hat", anspielt (M 1)!
2. Erkläre die Aussage von M 2!
3. Zeige anhand des Vertrages von Locarno die außenpolitische Programmatik Stresemanns auf!
4. Nimm Stellung zu der Meinung, daß Stresemann ein Vorkämpfer einer überstaatlichen europäischen Ordnung gewesen sei!

Lernvoraussetzungen:

Die Schülerinnen und Schüler sollten informiert sein über:
- den preußisch-österreichischen Dualismus nach 1850, besonders die Bedeutung des preußischen Sieges im deutsch-deutschen Krieg von 1866;
- die Bestimmungen des Versailler Vertrages für Deutschland;
- die Teilung Oberschlesiens im Jahre 1921 auf Betreiben Frankreichs und Polens;
- die Außenpolitik der Weimarer Republik, besonders das Vertragswerk von Locarno und die außenpolitische Konzeption Stresemanns (im Hinblick auf die Beurteilung Stresemanns ist die Bearbeitung seines Briefes an den Kronprinzen vom 7. September 1925 sinnvoll).

Leistungserwartungen:

Aufgabe 1.1: Unter Aufnahme entsprechender Textpassagen sollen die Schüler zeigen, daß die Erwartungen Eberts an den Versailler Vertrag nicht erfüllt worden sind, und die Kenntnis wichtiger Bestimmungen des Vertrags nachweisen. Im einzelnen sind folgende Gegenüberstellungen zu erwarten:
- Während Ebert eine gleichberechtigte Stellung Deutschlands erwartet, bedeuten die Abrüstungsbestimmungen (u.a. Beschränkung des Heeres auf 100 000 Mann; Verbot der allgemeinen Wehrpflicht; Verbot schwerer Waffen; Besetzung des linken Rheinufers und rechtsrheinischer Brückenköpfe auf 15 Jahre) und die mit der in Artikel 231 festgelegten Alleinschuld Deutschlands begründeten Reparationen große Einschnitte in die militärische und wirtschaftliche Souveränität.
- Durch die in Versailles beschlossenen Gebietsabtretungen gehörte nicht „die ganze deutsche Nation" zum Deutschen Reich. In den meist ohne Abstimmung abgetretenen Landesteilen besaß die Mehrheit oder eine starke Minorität der Bevölkerung Deutsch als Muttersprache. Als Beispiele sollten die Abtretungen an Polen (besonders Posen und Westpreußen) sowie die Gründung der Freien Stadt Danzig genannt werden.
- Entgegen dem Wunsch Eberts und entgegen dem von Ebert erwähnten Beschluß der Nationalversammlung der Republik Deutsch-Österreich verbot der Versailler Vertrag die Vereinigung Deutschlands mit Österreich.

Aufgabe 1.2: Ebert spielt mit seiner Aussage auf den deutsch-deutschen Krieg von 1866 an, der durch den Sieg Preußens bei Königgrätz entschieden wurde. Die Ereignisse des Jahres 1866 führten zur Auflösung des Deutschen Bundes. Österreich mußte einer Dreiteilung Deutschlands (der Norddeutsche Bund unter Führung Preußens, die süddeutschen Staaten und das Kaiserreich Österreich) zustimmen. 1871 kam es dann zur kleindeutschen Nationalstaatsgründung ohne Österreich.

Aufgabe 2: Die Schüler müssen deutlich machen, daß die Zeichnung auf die Entscheidung des Völkerbundsrates vom 19. Oktober 1921, Oberschlesien zu teilen, anspielt. Trotz des Ergebnisses der Volksabstimmung von insgesamt 60 % für Deutschland wurde der östliche, wirtschaftlich bedeutende Teil Polen angegliedert. Die Zeichnung zeigt, daß der übermächtige Völkerbund dem wehrlosen Deutschland (dem am Boden liegenden deutschen Michel) die Eingeweide (wirtschaftlich wichtiges Gebiet/Kohlevorkommen) herausreißt.

Aufgabe 3: Es wird erwartet, daß die Schüler den Inhalt der Locarno-Verträge skizzieren (Deutschland erkennt die durch den Versailler Vertrag festgelegten Westgrenzen und die Entmilitarisierung des Rheinlands an; es spricht keinen Verzicht auf die verlorenen Ostgebiete aus, verpflichtet sich aber zu einem Verzicht auf eine gewaltsame Revision der Ostgrenzen) und daran Stresemanns außenpolitische Konzeption aufzeigen:
Durch seine internationale Verständigungspolitik versuchte der deutsche Außenminister, die Revision des Versailler Vertrages auf friedlichem Weg zu erreichen. Deutschland trat aus der Isolation heraus und wurde durch den ständigen Sitz im Völkerbundsrat in den Kreis der politisch führenden Mächte aufgenommen. Stresemann ging realistisch davon aus, daß ein Ausgleich mit dem Westen Voraussetzung der Erreichung außenpolitischer Ziele war.

Aufgabe 4: Die Schüler sollen gegen die These argumentieren, indem sie herausstellen, daß Stresemann nicht aus Überzeugung Europapolitiker war, sondern aus Einsicht in die mit dem Versailler Vertrag gegebenen politischen Strukturen (Isolierung und militärische Schwäche Deutschlands). Der deutsche Außenminister war im Grunde seines Herzens nationaler Revisionspolitiker, was seine Ausführungen im „Kronprinzenbrief" belegen. Was ihn von den politischen Rechtskreisen in Deutschland unterschied, waren die Mittel seiner außenpolitischen Ziele.

Bewertungsvorschlag:

Aufgabe	Anteil an der Gesamtzensur
1	35 %
2	25 %
3	25 %
4	15 %

Literatur:

Krüger, P.: Versailles, Deutsche Außenpolitik zwischen Revisionismus und Friedenssicherung, München 1986.
Schulze, H.: Weimar, Deutschland 1917–1933, Berlin 1982.

Arbeitsmaterial:

M 1: Das Spektrum der politischen Parteien der Weimarer Republik

DDP	DNVP	DVP	KPD	NSDAP	SPD	USPD	Zentrum/BVP

Weimarer Koalition	
Große Koalition	
Bürgerliche Koalition	
Bürgerliche Rechtskoalition	

M 2: Auszüge aus Grundsätzen und Programmen wichtiger Parteien der Weimarer Republik
(DDP, DNVP, DVP, SPD, USPD, Zentrum)

„Die ... setzt der Herrschaftsorganisation des kapitalistischen Staates die proletarische Herrschaftsorganisation auf der Grundlage des politischen Rätesystems entgegen, dem bürgerlichen Parlament, als dem Ausdruck des Machtwillens der Bourgeoisie, den revolutionären Rätekongreß."	„Die ... steht auf dem Boden der Weimarer Verfassung; zu ihrem Schutz und zu ihrer Durchführung ist sie berufen ... Die deutsche Republik muß ein Volksstaat sein und unverbrüchlich zugleich ein Rechtsstaat."
„Die Stellung der ... zu den innerstaatlichen Angelegenheiten wird durch die christliche Staatsauffassung und durch den überlieferten Charakter als Verfassungspartei bestimmt. Jeden gewaltsamen Umsturz der verfassungsmäßigen Zustände lehnt sie grundsätzlich ab ... Das Volk muß als Träger der Staatsgewalt mit dem Bewußtsein der Verantwortung für die Staatsgeschicke erfüllt werden. Darum sind die Bürger aller Volksschichten in weitgehender Selbstverwaltung an den öffentlichen Angelegenheiten zu beteiligen ... Die Vorherrschaft einer Klasse oder Kaste ist mit dem Wesen des Volksstaates unvereinbar."	„Die ... ist entschlossen, zum Schutze der errungenen Freiheit das Letzte einzusetzen. Sie betrachtet die demokratische Republik als die durch die geschichtliche Entwicklung unwiderruflich gegebene Staatsform, jeden Angriff auf sie als ein Attentat auf die Lebensrechte des Volkes. Die ... kann sich aber nicht darauf beschränken, die Republik vor den Anschlägen ihrer Feinde zu schützen. Sie kämpft um die Herrschaft des im freien Volksstaat organisierten Volkswillens über die Wirtschaft, um die Erneuerung der Gesellschaft im Geist sozialistischen Gemeinsinns."
„Die ... wird den Wiederaufbau des Reiches mit allen Mitteln fördern. Daher wird sie im Rahmen ihrer politischen Grundsätze innerhalb der jetzigen Staatsform mitarbeiten ... Die ... erblickt in dem durch freien Entschluß des Volkes auf gesetzmäßigem Wege aufzurichtenden Kaisertum, dem Sinnbild deutscher Einheit, die für unser Volk nach Geschichte und Wesensart geeignetste Staatsform."	„Die monarchische Staatsform entspricht der Eigenart und geschichtlichen Entwicklung Deutschlands. Über den Parteien stehend verbürgt die Monarchie am sichersten die Einheit des Volkes, den Schutz der Minderheiten, die Stetigkeit der Staatsgeschäfte und die Unbestechlichkeit der öffentlichen Verwaltung. ... für das Reich erstreben wir die Erneuerung des von den Hohenzollern aufgerichteten deutschen Kaisertums."

M 3: Politiker der Weimarer Republik
(Brüning, Ebert, Erzberger, Rathenau, Stresemann)

	**Name:** .... **Partei:** ....
	**Name:** .... **Partei:** ....
	**Name:** .... **Partei:** ....
	**Name:** .... **Partei:** ....
	**Name:** .... **Partei:** ....

Quelle:

M 2: *Michaelis, H.* und *Schraepler, E.*: Ursachen und Folgen. Vom deutschen Zusammenbruch 1918 und 1945 bis zur staatlichen Neuordnung in der Gegenwart, Dokumenten-Verlag, Dr. Herbert Wendler KG, Berlin 1959. Tafel 1: Band III. Nr. 636 a Seite 158 f., Tafel 2: Band III. Nr. 638 e, Seite 180, Tafel 5: Band III, Nr. 639 e, Seite 189, Tafel 6: Band III, Nr. 641 d, Seite 207 f., Tafel 4: *Treue, W.*: Deutsche Parteiprogramme 1861–1954, Vandenhoek & Ruprecht, Göttingen 1954, S. 98 f.
M 3: Foto Brüning: © Ullstein Bilderdienst, Berlin zitiert nach: *Jankuhn, H.*, *Bookmann, H.*,*Treue, W.*, (Hrsg.): Deutsche Geschichte in Bilder von der Urzeit bis zur Gegenwart, 1967, Seite 562,
Foto Ebert: © Süddeutscher Verlag, München zitiert nach: Informationen zur politischen Bildung, Band 109/110, 1982, Seite 10,
Foto Erzberger: © Bildarchiv Preußischer Kulturbesitz, Berlin zitiert nach: Informationen zur politischen Bildung, Band 109/110, 1982, Seite 15,
Foto Rathenau: © Ullstein Bilderdienst, Berlin zitiert nach: Informationen zur politischen Bildung, Band 109/110, 1982 Seite 15,
Foto Stresemann: © Staatsbibliothek Berlin, Bildarchiv, zitiert nach *Jankuhn, H.*, *Bookmann, H.*,*Treue, W.*, (Hrsg.): Deutsche Geschichte in Bilder von der Urzeit bis zur Gegenwart, 1967/1981, Seite 561.

Aufgaben:

1.1 Löse die Abkürzungen auf (M 1), und ordne die Parteien entsprechend ihrer Stellung im politischen Spektrum in das Schema ein!
1.2 Ergänze zu den verschiedenen Koalitionsformen der Weimarer Republik die Abkürzungen der entsprechenden Parteien (M 1)!
2. Trage unter den Auszügen aus den Parteiprogrammen (M 2) die Bezeichnung der jeweiligen Partei ein!
3. Ergänze zu den Fotos der Weimarer Politiker den richtigen Namen und die Parteizugehörigkeit!

Lernvoraussetzungen:

Die vorliegende Arbeit ist für eine Unterrichtsreihe konzipiert, in der die politischen Parteien der Weimarer Republik eingehend behandelt wurden. Die für die Lösung der Aufgaben benötigte Zeit ist gering, da nur knappe Antworten in die vorgegebenen Felder einzutragen sind. Die Schüler sollten die politischen Konzeptionen bzw. Programme der wichtigen Weimarer Parteien kennengelernt haben. Sie sollten die Parteien ins politische „Rechts – Links – Schema" einordnen und deren Haltung gegenüber der republikanischen Staatsform einschätzen können. Auch die Möglichkeiten und Bedingungen der Koalitionsbildung und die entsprechenden Begriffe sollten verfügbar sein. Zur Lösung der 3. Aufgabe sollte im Unterricht Film- und Fotomaterial eingesetzt worden sein, das ein Wiedererkennen der Politiker ermöglicht.

Leistungserwartungen:

Aufgabe 1.1:

DDP	**DNVP**	**DVP**	**KPD**	**NSDAP**	**SPD**	**USPD**	**Zentrum/BVP**

NSDAP	**DNVP**	**DVP**	**Zentrum/ BVP**	**DDP**	**SPD**	**USPD**	**KPD**
Nationalsozialistische Deutsche Arbeiterpartei	Deutschnationale Volkspartei	Deutsche Volkspartei	Zentrumspartei/ Bayerische Volkspartei	Deutsche Demokratische Partei	Sozialdemokratische Partei Deutschlands	Unabhängige Sozialdemokratische Partei Deutschlands	Kommunistische Partei Deutschlands

Aufgabe 1.2:

Weimarer Koalition	SPD - Zentrum - DDP
Große Koalition	SPD - Zentrum - BVP - DDP - DVP
Bürgerliche Koalition	Zentrum - DDP - DVP
Bürgerliche Rechtskoalition	Zentrum - BVP - DVP - DNVP

Aufgabe 2:

USPD	DDP
Zentrum	SPD
DVP	DNVP

Aufgabe 3:

Matthias Erzberger	Zentrum
Walther Rathenau	DDP
Friedrich Ebert	SPD
Gustav Stresemann	DVP
Heinrich Brüning	Zentrum

Bewertungsvorschlag:

Aufgabe	Anteil an der Gesamtzensur
1.1	25 %
1.2	25 %
2	35 %
3	15 %

Literatur:

Benz, W., Graml, H. (Hrsg.): Biographisches Lexikon zur Weimarer Republik, München 1988.
Bracher, K.D., Funke, M., Jacobsen, H.-A. (Hrsg.): Die Weimarer Republik 1918–1933, Politik, Wirtschaft, Gesellschaft, Schriftenreihe der Bundeszentrale für politische Bildung Bd. 251, Bonn 1987.
Schulz, G. (Hrsg.): Ploetz, Weimarer Republik, Eine Nation im Umbruch, Freiburg, Würzburg 1987.

Arbeitsmaterial:

M 1: Plakat aus dem Jahre 1923

M 2: Foto vom Dortmund-Ems-Kanal aus dem Jahre 1923

M 3: Der Historiker Klaus Pabst über das Ergebnis des Ruhrkampfs

„Es ist schwer zu sagen, wer eigentlich den Ruhrkampf gewonnen hat. Außenpolitisch endete er mit einer zunächst als total empfundenen Niederlage Deutschlands, und Hitler nannte ihn in seinem Buch "Mein Kampf" ein Ereignis, das wie kein anderes die nationalen Leidenschaften der Deutschen wachgerüttelt und so die Machtergreifung des Nationalsozialismus vorbereitet habe. Auf längere Sicht erwies sich die „Kapitulation" des passiven Widerstands jedoch als diplomatischer Erfolg, denn sie gab Stresemann die Möglichkeit, die Reparationsfrage aus der Zuständigkeit der französisch beherrschten „Reparationskommission" der ersten Nachkriegsjahre herauszubringen und in die Hände eines internationalen Gremiums zu legen, das erstmals nach wirtschaftlichen statt nach politischen Gesichtspunkten entschied. Erst damit war für Stresemann der Weg zum Locarno-Pakt und zu einer grundsätzlichen Bereinigung des Verhältnisses zu den Westmächten frei."

Quelle:

M 1: © Bildarchiv Preußischer Kulturbesitz, Berlin, zit. nach: *Sabrow, M.*: Krisenjahr 1923, in: Praxis Geschichte, Heft 2/1992, S. 11.
M 2: © Schlopsma/Stadtarchiv Dortmund, Bestand 502, zit. nach: *Stupperich, A.*: Der Ruhrkampf 1923, Ursachen und Folgen, in: Praxis Geschichte, Heft 2/1992, S. 17.
M 3: *Pabst, K.*: Der Ruhrkampf, in: Zwischen Ruhrkampfund Wiederaufbau, hrsg. v. *W. Fürst*, Köln u. Berlin 1972, S. 50.

Aufgaben:

1.1 Erläutere Anlaß und Ursachen der Ruhrbesetzung 1923!
1.2 Erkläre den Begriff „produktive Pfänder"!
2.1 Stelle die Verbindung zwischen den Abbildungen (M 1 und M 2) und der Ruhrbesetzung her!
2.2 Informiere, wie der Ruhrkampf beendet wurde!
3. Erarbeite die Kernaussagen des Textes von Klaus Pabst (M 3)!

Lernvoraussetzungen:

Die Schüler sollten die innen- und außenpolitische Lage Deutschlands im Krisenjahr 1923 einschätzen können und die Entwicklung der Reparationsfrage seit der Konferenz von Versailles kennen. Bei der Behandlung des Ruhrkampfs im Unterricht sollten Ursachen, Anlaß, Verlauf und Folgen des Ruhrkampfs erarbeitet worden sein. Die Erarbeitung der Folgen könnte aber auch durch den Text von Klaus Pabst (M 3) als neuer Aspekt hinzukommen.

Leistungserwartungen:

Aufgabe 1.1: Die Ursachen der Ruhrbesetzung sind bis hin zur Unzufriedenheit Frankreichs mit den Ergebnissen des Friedensschlusses von Versailles zurückzuverfolgen. Bestimmend bleibt das Interesse Frankreichs, Deutschland zu schwächen und eigene Entschädigungsforderungen erfüllt zu sehen. Daraus erwächst das Bestreben der französischen Regierung unter Ministerpräsident Poincaré, zur Absicherung der deutschen Reparationsleistungen eine leistungsfähige deutsche Schwerindustrie zu erhalten, zugleich aber die direkte Kontrolle und den unmittelbaren Zugriff auf die Ruhrindustrie auszuüben.
Der Anlaß für diesen direkten Zugriff bietet sich Ende 1922, als die alliierte Reparationskommission einen geringfügigen Rückstand der deutschen Holz- und Kohlelieferungen auf französischen Druck hin als Verstoß gegen die Verpflichtungen des Versailler Vertrages wertet. Unter dem Vorwand, eine Kontrollkommission von Ingenieuren zu schützen, besetzen ca. 100.000 französische und belgische Soldaten das Ruhrgebiet, verhängen den Belagerungszustand und unterstellen die industrielle und staatliche Verwaltung ihrer Kontrolle.

Aufgabe 1.2: Der Ausdruck „produktives Pfand“ stammt vom französischen Ministerpräsidenten Poincaré. Mit der Schwerindustrie des Ruhrgebietes glaubt er, Frankreich nicht nur ein „Pfand“ in die Hand zu bringen, mit dem Druck auf Deutschland ausgeübt werden kann, sondern das selbst zur Erfüllung der französischen Ansprüche genutzt werden kann.

Aufgabe 2.1: Sowohl das Plakat als auch die Abbildung zeigen deutsche Reaktionen auf die Ruhrbesetzung. Das Plakat fordert zum Boykott französischer und belgischer Waren auf. Es ist ein Bestandteil der Politik des passiven Widerstands gegen die „Vergewaltiger Deutschlands“, der von der Reichsregierung mit Zustimmung des Reichstags und der Gewerkschaften ausgerufen wird.
Das Foto belegt, daß es auch zu vereinzelten Aktionen aktiven Widerstands kommt, so zu Sprengungen von Brücken oder Eisenbahnanlagen oder – wie abgebildet – zur Sperrung des Dortmund-Ems-Kanals durch Versenken eines Schiffes. Vergeltungsmaßnahmen der Besatzungstruppen fordern Tote und Verwundete, es werden Geiseln genommen und Todesurteile verhängt.

Aufgabe 2.2: Durch die Ausrufung des passiven Widerstands ist die Reichsregierung gezwungen, die streikende Bevölkerung durch Geld- und Sachleistungen in Milliardenhöhe zu unterstützen. Dies überfordert die finanzielle Leistungsfähigkeit Deutschlands völlig, der Wert der Mark verfällt rapide. Hinzu kommen separatistische Bestrebungen im Rheinland. Da Frankreich durch den passiven Widerstand nicht zum Einlenken zu bewegen ist, ja sogar die Maßnahmen durch völlige Abtrennung des Ruhrgebietes vom Reichsgebiet verschärft, bleibt der Reichsregierung unter dem neuen Reichskanzler Gustav Stresemann nur der Abbruch des passiven Widerstands (26.9.1923) übrig.

Aufgabe 3: Klaus Pabst differenziert bei der Frage nach dem „Sieger“ des Ruhrkampfs. Auf den vermeintlichen Sieger Frankreich geht er nicht ein, sondern beschränkt sich auf die Folgen für Deutschland. Als positives Ergebnis sieht er die Vorbereitung der diplomatischen Erfolge Stresemanns, der durch das Einlenken im Ruhrkampf die Voraussetzungen für die Neuordnung der Reparationsfrage und den Ausgleich mit Frankreich schafft. Zu den negativen Folgen zählt er die Verschärfung des innenpolitischen Klimas in Deutschland, was er mit einer Äußerung Hitlers belegt. Der Abbruch des Ruhrkampfes gibt den nationalistischen Republikfeinden die Möglichkeit zur hemmungslosen Agitation gegen die „Erfüllungspolitiker“ der Parteien, die das politische System der Weimarer Republik stützen.

Bewertungsvorschlag:

Aufgabe	Anteil an der Gesamtzensur
1.1	25 %
1.2	10 %
2.1	20 %
2.2	25 %
3	20 %

Literatur:

Kolb, E.: Die Weimarer Republik, Oldenbourg-Grundriß der Geschichte Bd. 16, München 1984.
Stupperich, A.: Der Ruhrkampf 1923, Ursachen und Folgen, in: Praxis Geschichte, Heft 2/1992, S. 14–18.
Pabst, K.: Der Ruhrkampf, in: Zwischen Ruhrkampf und Wiederaufbau, hg. v. *W. Fürst*, Köln u. Berlin 1972, S. 11–50.
Schwabe, K. (Hrsg.): Die Ruhrkrise 1923, Wendepunkt der internationalen Beziehungen nach dem Ersten Weltkrieg, Paderborn 1984.

Arbeitsmaterial:

M 1: Erich Schilling: Um die höchste Würde. Das Reichspräsidentschaftsrennen der Parteien

M 2: Artikel 48, Abs. 2 u. 3 der Weimarer Verfassung

„Der Reichspräsident kann, wenn im Deutschen Reich die öffentliche Sicherheit und Ordnung erheblich gestört oder gefährdet wird, die zur Wiederherstellung der öffentlichen Sicherheit und Ordnung nötigen Maßnahmen treffen, erforderlichenfalls mit Hilfe der bewaffneten Macht einschreiten. Zu diesem Zwecke darf er vorübergehend die in den Artikeln 114, 115, 117, 118, 123, 124 und 153 festgesetzten Grundrechte ganz oder zum Teil außer Kraft setzen. Von allen gemäß Abs. 1 oder Abs. 2 dieses Artikels getroffenen Maßnahmen hat der Reichspräsident unverzüglich dem Reichstag Kenntnis zu geben. Die Maßnahmen sind auf Verlangen des Reichstags außer Kraft zu setzen.“

M 3: George Grosz: Mein Eid (1925)

MEIN EID

Ich will von Schwarz-Rot-Gold nicht wanken und nicht weichen.
Gott gebe, daß nicht lange währt die Frist
Bis wieder Schwarz-Weiß-Rot das Siegestuch der Reichen,
Das Leichentuch der Proletarier ist.

Quelle:

M 1: Simplicissimus (1924/25) 52, zit. nach: *Haese, K., Schütte, W.U.*: Frau Republik geht pleite, Deutsche Karikaturen der zwanziger Jahre, Leipzig 1989, S. 7.
M 2: *Schuster, R.* (Hrsg.): Deutsche Verfassungen, München 111979, S. 108.
M 3: Der Knüppel (1925) 6, zit. nach: *Haese, K., Schütte, W.U.*: Frau Republik geht pleite, Deutsche Karikaturen der zwanziger Jahre, Leipzig 1989, S. 83.

Aufgaben:

1.1 Erläutere Anlaß, Verlauf und Ergebnis der Reichspräsidentenwahl von 1925!
1.2 Beschreibe die Karikatur zur Reichspräsidentenwahl (M 1), und deute die Aussageabsicht des Karikaturisten!
2. Erläutere den ursprünglichen Sinn des Art. 48, Abs. 2, der Weimarer Verfassung (M 2) und die Art seiner Anwendung in den Jahren 1930–1933!
3.1 Deute die Aussageabsicht der Karikatur von George Grosz (M 3)!
3.2 Beurteile, ob die im Text zur Karikatur (M 3) ausgedrückte Kritik an Hindenburg berechtigt war!

Lernvoraussetzungen:

Die Arbeit ist für eine Unterrichtsreihe zur Weimarer Republik konzipiert, bei der folgende Aspekte des politischen Systems behandelt wurden:
- Das Amt des Reichspräsidenten in der Weimarer Reichsverfassung
- Der Art. 48 der Weimarer Reichsverfassung und seine Anwendung in der Anfangs- und Endphase der Republik
- Die Reichspräsidentenwahlen 1925 und 1932
- Die Amtsführung der Reichspräsidenten Ebert und Hindenburg

Außerdem sollten die Schüler mit der Interpretation politischer Karikaturen der Weimarer Zeit vertraut sein.

Leistungserwartungen:

Aufgabe 1.1: Am 28. Februar 1925 stirbt Reichspräsident Friedrich Ebert wenige Wochen vor dem Ende seiner Amtszeit an den Folgen einer verschleppten Blinddarmentzündung. So kommt es am 29. März 1925 zum 1. Wahlgang der Reichs-präsidentenwahl. Der Gemeinschaftskandidat von DVP und DNVP, Jarres, erzielt die höchste Stimmenzahl (10,4 Mill.), was jedoch nicht zur benötigten absoluten Mehrheit reicht. Otto Braun (SPD) erzielt 7,8 Mill. Stimmen, Wilhelm Marx (Zentrum) 3,9 Mill. Weitere Kandidaten bleiben abgeschlagen.
Für den 2. Wahlgang einigen sich die Parteien der „Weimarer Koalition“ (SPD, Zentrum, DDP) auf Wilhelm Marx als gemeinsamen Kandidaten, der nun als Favorit gilt. Bei der Suche der Parteien der Rechten nach einem populären Gegenkandidaten findet man den achtundsiebzigjährigen Generalfeldmarschall Paul von Hindenburg, den „Sieger von Tannenberg“. Nicht nur von den Rechtsparteien, sondern auch von der BVP gewählt, die damit gegen den Zentrumskandidaten votiert, siegt Hindenburg im 2. Wahlgang am 26. April 1925 mit 14,6 Mill. Stimmen vor Wilhelm Marx mit 13,7 Mill. Stimmen und Ernst Thälmann (KPD) mit 1,9 Mill. Stimmen.

Aufgabe 1.2: Die Karikatur setzt den Gegensatz zwischen dem höchsten Staatsamt und der ihm gebührenden „Würde“ und der würdelosen Auseinandersetzung der Parteien um dieses Amt ins Bild. Erich Schilling nutzt für die Reichspräsidentenwahl das Bild eines Autorennens. So unsportlich sich die beteiligten Mannschaften, die jeweils unterschiedliche Parteien repräsentieren, beim Rennen verhalten, so wenig kümmern sich die politischen Parteien im Wahlkampf um die Würde des Amtes. In der vordersten Reihe kämpfen zwei Kleriker, die Fahrer des Zentrumswagens, gegen die „Herrenfahrer“ des konservativen Lagers, wobei der Bischofsstab gegen die Reitpeitsche eingesetzt wird. In der mittleren Reihe setzen sich die Sozialdemokraten mit Hammer und Stein gegen die Nationalsozialisten mit Säbel und Pistole ein. In der letzten Reihe werden die Demokraten, mit nur einem Sprachrohr am schlechtesten „bewaffnet“, von den Kommunisten mit Bomben und Handgranaten bedroht. Das Rennen fordert seine Opfer. Die Kommunisten sind mit einem Baum kollidiert, in der Straßenmitte liegt der durchtrennte Körper eines überfahrenen Hundes. Die Bäume am Straßenrand biegen sich von der Fahrbahn weg, ein abgebrochener Ast liegt auf der Straße.

Aufgabe 2: Aufgrund der Erfahrungen der Revolutionszeit und der Unruhen und Aufstände während der Gründungsphase der Republik wird der Art. 48 in die Verfassung aufgenommen. Der Reichspräsident soll über den Ausnahmezustand verfügen können, um Unruhen wirksam zu bekämpfen und die Staatsordnung zu schützen. Nur die USPD warnt vor dem „Blankoscheck“ für den Reichspräsidenten. In der Zeit der Präsidialkabinette unter Reichspräsident von Hindenburg wird das Notverordnungsrecht nach Art. 48 in Verbindung mit dem Recht zur Reichstagsauflösung nach Art. 25 zum Instrument einer „Ersatzgesetzgebung“ für die allein vom Vertrauen des Reichspräsidenten abhängigen Kabinette. Durch die wiederholten Reichstagsauflösungen ist der Reichstag in seiner Möglichkeit, die Aufhebung von Notverordnungen zu verlangen, ausgeschaltet. Die auf die Auflösung folgenden Neuwahlen bringen den radikalen Parteien erhebliche Stimmengewinne.

Aufgabe 3.1: Die Karikatur spielt auf den Verfassungseid Hindenburgs beim Amtsantritt als Reichspräsident an. George Grosz nutzt das Wortspiel „Mein Eid – Meineid“, um seine Kritik und seine Befürchtungen gegenüber Hindenburg zu verdeutlichen. Trotz des Amtseides sieht er in Hindenburg den Anhänger der Hohenzollern-Monarchie und den Repräsentanten der Aristokratie bzw. des Geldadels. Er erwartet von Hindenburg keinen Einsatz für die durch „Schwarz-Rot-Gold“ symbolisierte Republik, sondern für die durch „Schwarz-Weiß-Rot“ symbolisierte Monarchie.

Aufgabe 3.2: Das Urteil sollte eine Differenzierung erkennen lassen. Einerseits bleibt Hindenburg, wie in der Karikatur ausgedrückt, zweifellos immer Anhänger der Monarchie. So fühlt er sich bei seiner Wiederwahl 1932 auch von den falschen Kräften unterstützt, nämlich von den Parteien der Mitte und der SPD, während seine konservativen „Freunde“ die Kandidatur Hitlers unterstützen. Andererseits muß aber auch festgestellt werden, daß Hindenburg sich an seinen Amtseid gebunden fühlt und bemüht ist, seine Aufgaben im Rahmen der Verfassungsordnung korrekt auszuführen. Dennoch führt nicht zuletzt die Notverordnungspraxis während seiner Amtszeit zur Aushöhlung der Weimarer Verfassung, was zum Scheitern der Republik beiträgt.

Bewertungsvorschlag:

Aufgabe	Anteil an der Gesamtzensur
1.1	15 %
1.2	25 %
2	15 %
3.1	25 %
3.2	20 %

Literatur:

Bracher, K.D., Funke, M., Jacobsen, H.-A. (Hrsg.): Die Weimarer Republik 1918–1933, Politik, Wirtschaft, Gesellschaft, Schriftenreihe der Bundeszentrale für politische Bildung Bd. 251, Bonn 1987.
Kolb, E.: Die Weimarer Republik, Oldenbourg-Grundriß der Geschichte Bd. 16, München 1984.
Mommsen, H.: Die verspielte Freiheit, Der Weg von Weimar in den Untergang 1918 bis 1933, Berlin 1989.
Schulze, H.: Weimar, Deutschland 1917–1933, Berlin 1982.
Winkler, H.A.: Weimar 1918–1933, Die Geschichte der ersten deutschen Demokratie, München 1993.

Arbeitsmaterial:

M 1: Entwicklung der Arbeitslosigkeit in Deutschland 1928–1933

Jahr	Arbeitslose in Millionen	Arbeitslose in % der Arbeitnehmer
1928	1,353	7,0
1929	1,892	9,6
1930	3,076	15,7
1931	4,520	23,9
1932	5,575	30,8
1933	4,804	26,3

(Die offizielle Zählung der Arbeitslosen begann erst 1928)

M 2: Speisezettel der Familie des Arbeitslosen V.R. (Sommer 1931)

Anm.: Mit Kaffee ist Malzkaffee gemeint.

	Morgens	Mittags	Nachmittags	Abends
Sonntag	Kaffee, Brot, Marmelade	Wirsingkraut, Kuhfleisch, Kartoffeln	1 Tasse Kaffee, Marmelade, Brot	Kartoffeln, Salat,Wurst
Montag	Dasselbe	Grießsuppe, Pellkartoffeln, Bohnensalat	Dasselbe	Bratkartoffeln, Salat
Dienstag	Dasselbe	Kartoffeln, rote Rüben	Dasselbe	Kartoffeln, Salat
Mittwoch	Dasselbe	½ Pfund Kuhfleisch für Suppe, Kartoffeln, Gurkensalat	Dasselbe	Kaffee, Brot
Donnerstag	Dasselbe	Bohnengemüse, Kartoffeln	Dasselbe	Kaffee, Brot
Freitag	Dasselbe	Pfannkuchen mit Salat	Dasselbe	Kartoffeln, Salat
Samstag	Dasselbe	Bratkartoffeln, Salat, jeder ein Ei	Dasselbe	Kaffee, Brot

M 3: „Auf dem Seil" (Billige Schlafmöglichkeiten für Arbeitslose ohne Wohnung)

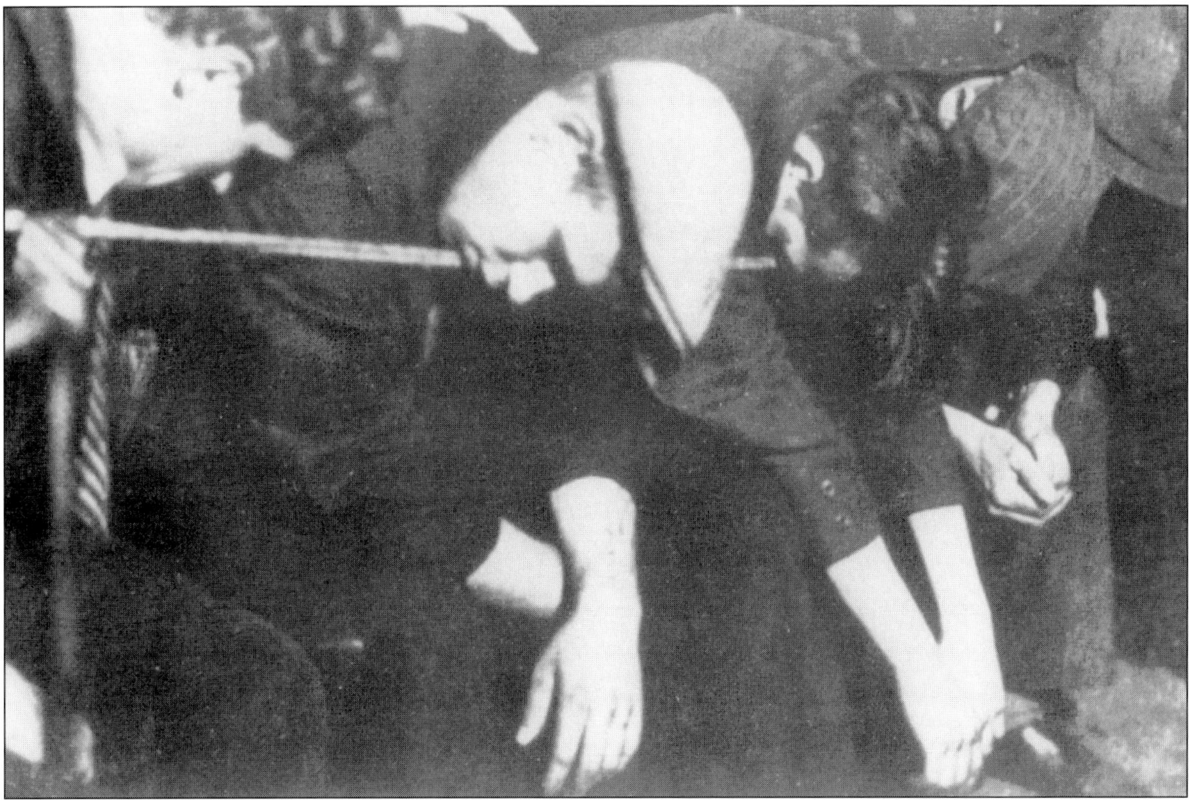

M 4: Passanten vor einem NSDAP-Wahlplakat zur Reichspräsidentenwahl 1932

Plakat

Quelle:

M 1: Statistisches Bundesamt, Bevölkerung und Wirtschaft 1872–1972, Verlag W. Kohlhammer, Stuttgart 1972, zit. nach: *Bracher, Funke, Jacobsen* (Hrsg.): Die Weimarer Republik 1918–1933, Politik, Wirtschaft,Gesellschaft, Bonn 1987 © Bundeszentrale für politische Bildung.
M 2: *Lehmann, H.*: Über die Ernährung der Arbeitslosen, in: Zeitschrift für Ernährung 1 (1931), Nr. 11 (November), S. 330. Anm. 17, zit. nach: *Winkler, H.A.*: Der Weg in die Katastrophe, Arbeiter und Arbeiterbewegung in der Weimarer Republik 1930 bis 1933, Verlag J.H.W. Dietz Nachfolger, Bonn 1990, S. 37.
M 3: © Bilderdienst Süddeutscher Verlag, München, zit. nach: *Buchstab, G.*, *Kaff, B.*, *Kleinmann, H.-O.* (Hrsg.): Keine Stimme dem Radikalismus, Christliche, liberale und konservative Parteien in den Wahlen 1930–1933, Berlin 1984, S. 15.
M 4: Foto: © Bilderdienst Preußischer Kulturbesitz, Berlin, in: Fragen an die deutsche Geschichte, Ideen, Kräfte, Entscheidungen von 1800 bis zur Gegenwart, Katalog zur Historischen Ausstellung im Reichstagsgebäude in Berlin, Bonn 14. Aufl. 1988, S. 283.
Plakat: *Arnold, F.* (Hrsg.): Anschläge, Deutsche Plakate als Dokumente der Zeit 1900–1960, Langewiesche-Brandt KG Verlag, Ebenhausen bei München 1963.

Aufgaben:

1. Erkläre das Ansteigen der Arbeitslosigkeit (M 1) in den 30er Jahren!
2. Erläutere anhand des Speisezettels (M 2) und des Fotos (M 3) die Auswirkungen der Arbeitslosigkeit!
3. Stelle die Verbindung zwischen dem Foto bzw. dem Wahlplakat (M 4) und der Massenarbeitslosigkeit der 30er Jahre her!
4. Nimm kritisch Stellung zu der These, Hitler sei nur ein „Betriebsunfall“ der deutschen Geschichte und er sei nur aufgrund der Massenarbeitslosigkeit und der sozialen Not an die Macht gekommen!

Lernvoraussetzungen:

Im Unterricht sollten folgende Themen behandelt worden sein:
- Die Weltwirtschaftskrise
- Die Massenarbeitslosigkeit in Deutschland und ihre sozialen Auswirkungen
- Der Aufstieg der NSDAP und die Auflösung der Weimarer Republik

Leistungserwartungen:

Aufgabe 1: Der sprunghafte Anstieg der Arbeitslosenzahl und -quote ab 1930 fällt zusammen mit der Weltwirtschaftskrise, die am 25. Oktober 1929 durch den „Schwarzen Freitag" an der New Yorker Börse eingeleitet wird und bis etwa 1933 dauert. Begleitet von einer weltweiten Agrarkrise fallen in der Weltwirtschaftskrise eine besonders starke Konjunktur- und eine Strukturkrise der noch unter den Folgen des Ersten Weltkrieges leidenden Weltwirtschaft zusammen. Die von den USA nach Europa übertragene Krise wirkt sich katastrophal auf die deutsche Wirtschaft aus. Zu den Gründen für den sprunghaften Anstieg der ohnehin schon hohen Arbeitslosigkeit zählen Kreditverknappung, Produktionsrückgang und Preis- und Lohnverfall.

Aufgabe 2: Die Massenarbeitslosigkeit, die wegen der prekären Lage der öffentlichen Haushalte Leistungskürzungen in der Sozialversicherung nach sich zieht, betrifft viele einzelne Arbeitslose, aber auch viele Familien. Bescheiden und eintönig ist der Speisezettel im Arbeitslosenhaushalt. Nur mittags gibt es eine gewisse Abwechslung im Wochenplan. Über preiswerte und sättigende Speisen hinaus gibt es keine Ergänzung, z.B. durch Obst oder Süßspeisen. Das Bild „Auf dem Seil" zeigt das Elend der Arbeitslosen in der schlimmsten Form. Obdachlos finden diese Männer nicht einmal einen Platz, um sich zum Schlafen hinzulegen. Dicht gedrängt müssen sie auf einem Seil schlafen.

Aufgabe 3: Das Wahlplakat, das gerade an einer Litfaßsäule angebracht wurde und die Aufmerksamkeit zahlreicher Passanten findet, wirbt für Hitler als Kandidaten bei der Reichspräsidentenwahl 1932. Das Plakat zielt auf das große Heer der Arbeitslosen ab, deren Zahl 1932 die 6-Millionen-Grenze überschreitet und auch in konjunkturell günstigen Monaten nicht unter die 5-Millionen-Grenze fällt. Die Massenarbeitslosigkeit bereitet den Boden für den Erfolg der Demagogen. Am rechten Rand des politischen Spektrums versucht die NSDAP, Profil zu gewinnen. Nach Hitlers Rede vor dem Industrieklub in Düsseldorf fließen der NSDAP kräftige Wahlkampfspenden der Industrie zu. Bei der Reichspräsidentenwahl ist Hitler zwar chancenlos gegenüber Hindenburg, doch gibt der Wahlkampf ihm ausgiebig Gelegenheit zur Propaganda und zur Untermauerung des Anspruchs, der Führer der „nationalen Opposition" zu sein.

Aufgabe 4: Die Schüler sollten die in der Aufgabenstellung formulierte These sowohl aus methodischen als auch aus inhaltlichen Gründen ablehnen. Aus methodischer Sicht sollten sie deutlich machen, daß eine monokausale Erklärung vielfältige andere Ursachen des Erfolgs der Nationalsozialisten und des Zerfalls der Weimarer Demokratie mißachtet. Inhaltlich wäre der These entgegenzuhalten, daß die Massenarbeitslosigkeit und die soziale Not im Gefolge der Weltwirtschaftskrise die NSDAP zwar zur Massenpartei werden ließen, daß sich aber keinesfalls alle Arbeitslosen pauschal als NSDAP-Wähler vereinnahmen lassen. 1932/33 erzielt die NSDAP in Städten mit hohem Arbeitslosenanteil deutlich schlechtere Wahlergebnisse als in Gemeinden mit niedriger Arbeitslosenzahl. KPD und SPD dagegen haben ihre größten Erfolge in Wahlkreisen mit hohem Arbeitslosenanteil. Die Anhänger der NSDAP rekrutieren sich überdurchschnittlich stark aus dem alten und neuen Mittelstand und vorwiegend agrarisch strukturierten Gebieten.

Bewertungsvorschlag:

Aufgabe	Anteil an der Gesamtzensur
1	20 %
2	20 %
3	30 %
4	30 %

Literatur:

Bracher, K.D., Funke, M., Jacobsen, H.-A. (Hrsg.): Die Weimarer Republik 1918–1933, Politik, Wirtschaft, Gesellschaft, Schriftenreihe der Bundeszentrale für politische Bildung Bd. 251, Bonn 1987.
Falter, J.W., Lindenberger, T., Schumann, S.: Wahlen und Abstimmungen in der Weimarer Republik, Materialien zum Wahlverhalten 1919–1933, München 1986.
Kolb, E.: Die Weimarer Republik, Oldenbourg-Grundriß der Geschichte Bd. 16, München 1984.
Mommsen, H.: Die verspielte Freiheit, Der Weg von Weimar in den Untergang 1918 bis 1933, Berlin 1989.
Schulze, H.: Weimar, Deutschland 1917–1933, Berlin 1982.
Winkler, H.A.: Weimar 1918–1933, Die Geschichte der ersten deutschen Demokratie, München 1993.

Arbeitsmaterial:

M 1: Bucheinband zu einem Text- und Bildband über den „Tag von Potsdam“

(Text in der Mitte des Bildes: „Nimmer wird das Reich vergehn, wenn ihr einig seid und treu! v. Hindenburg“)

Quelle:

M 1: *Hupfeld, H.* (Hrsg.): Reichstags-Eröffnungsfeier in Potsdam, Das Erlebnis des 21. März in Wort und Bild, Potsdam 1933, Einband.

Aufgaben:

1. Nenne wichtige Stufen im Prozeß der nationalsozialistischen Machtergreifung von der Berufung Hitlers zum Reichskanzler bis zum Ermächtigungsgesetz, und erläutere kurz ihre Bedeutung!
2. Erkläre anhand des Bucheinbands (M 1) die propagandistische Bedeutung des „Tages von Potsdam“!
3. Die Nationalsozialisten charakterisierten die Machtergreifung als „legale Revolution“. Erläutere, welches Konzept der Nationalsozialisten sich hinter dem Legalitätsanspruch verbirgt!

Lernvoraussetzungen:

Die Schüler sollten im Unterricht die Methodik und den Verlauf der Machtergreifung und des Machtausbaus der Nationalsozialisten kennengelernt haben. Sie sollten wichtige Stufen der Anfangsphase dieses Prozesses in ihrer Abfolge und ihrer Bedeutung einordnen können. Sie sollten auch Problemfragen, wie die der Legalität der Machtergreifung, diskutieren können.

Leistungserwartungen:

Aufgabe 1: Die Schüler sollten die Ereignisse nennen und – je nach Umfang der Behandlung im Unterricht - erläutern können:

- 30. Januar 1933: Hitler wird von Reichspräsident Hindenburg zum Reichskanzler ernannt. Die Zahl der nationalsozialistischen Minister ist wesentlich kleiner als die Zahl der vom konservativen Koalitionspartner gestellten Minister. Die Nationalsozialisten erhalten jedoch die „Schlüsselministerien" (Inneres, Justiz).
- 27./28. Februar 1933: Nach dem Reichstagsbrand wird mit der „Reichstagsbrandverordnung" die Grundlage zur Verfolgung und Ausschaltung der innenpolitischen Gegner der Nationalsozialisten gelegt.
- 5. März 1933: Die Reichstagswahl bringt der Koalitionsregierung zwar die Mehrheit, aber nicht den von den Nationalsozialisten erhofften klaren Erfolg.
- 21. März 1933: Der „Tag von Potsdam" dient als großes Propagandaspektakel, mit dem die Aussöhnung des konservativen Preußentums mit der nationalsozialistischen Revolution dokumentiert werden soll.
- 23. März 1933: Der Reichstag verabschiedet das Ermächtigungsgesetz, wobei der Zentrumspartei die Schlüsselrolle beim Zustandekommen der verfassungsändernden Mehrheit zufällt. Mit dem Ermächtigungsgesetz vollzieht der Reichstag seine Selbstausschaltung, überträgt der Reichsregierung die Gesetzgebungskompetenz und beendet faktisch die Gewaltenteilung.

Aufgabe 2: Der Bucheinband zeigt deutlich, worauf es den Nationalsozialisten unter ihrem Anführer und Reichskanzler Hitler bei der Eröffnung des neugewählten Reichstags am 21. März 1933 ankommt. Der Nationalsozialismus, repräsentiert durch Hitler, soll als legitimer Wahrer der preußisch-deutschen Tradition dargestellt werden. So werden auf dem Bild die Repräsentanten und Symbole des Preußentums und des Nationalsozialismus wirkungsvoll miteinander verbunden. Reichspräsident Hindenburg wird von der Fahne des Kaiserreichs und der Hakenkreuzfahne eingerahmt. In seinen Appell zur Einigkeit wachsen von unten Hitler und v. Papen, die Führer der Koalitionsregierung, hinein. Sie sind herausgehoben aus dem Strom der uniformierten Nationalsozialisten und der Zivilisten, die mit Hakenkreuzfahnen und Reichskriegsflaggen zur Garnisonskirche in Potsdam, dem Ort der Reichstagseröffnung, ziehen. Auf der linken Seite blickt Friedrich d. Gr. auf die neuen Machthaber herab, unter seinem Porträt ist der Innenraum der Garnisonskirche mit dem Grab des Preußenkönigs abgebildet. Das Schauspiel in Potsdam soll das konservative Bürgertum an den Nationalsozialismus heranführen. Hitler, der seine Friedensliebe und Bürgerlichkeit dokumentieren will, tritt in Zivil auf, gibt sich nicht als kämpferischer Parteiführer, sondern staatsmännisch und erweist Hindenburg seinen Respekt. Der vom Rundfunk übertragene und durch die Presse weltweit verbreitete Akt mit dem symbolischen Händedruck Hindenburgs und Hitlers erfüllt seinen propagandistischen Zweck. Er blendet die Anhänger der Monarchie und lenkt die Öffentlichkeit von den straf- und verfassungsrechtlichen Maßnahmen der Regierung ab.

Aufgabe 3: Das zeitgenössische Schlagwort von der „legalen Revolution" steht für den von der nationalsozialistischen Propaganda, aber auch von Politikern und Verfassungsrechtlern vertretenen Anspruch, daß die umwälzenden („revolutionären") politischen und gesellschaftlichen Veränderungen in Deutschland das Ergebnis eines Prozesses gewesen seien, der immer im legalen Rahmen, d.h. unter Achtung und Ausnutzung der Möglichkeiten von Recht und Verfassung, betrieben worden sei. Die Legalitätstaktik, die auf die Erfahrung des mißglückten Putsches von 1923 zurückgeht und von Hitler und Goebbels öffentlich propagiert wird, zielt darauf ab, die Grundpfeiler des parlamentarisch-demokratischen Systems durch dessen eigene Mittel zu Fall zu bringen. Die Weimarer Verfassung, die keinen Schutz einer unveränderbaren Grundordnung vorsieht, sondern bei entsprechender Mehrheit jede Verfassungsänderung zuläßt, bietet den Ansatz zur Legalitätstaktik. Den entscheidenden Durchbruch ermöglichen die Präsidialkabinette, die die Regierungsmöglichkeit ohne oder gegen das Parlament demonstrieren. Mit der Reichstagsbrandverordnung und dem Ermächtigungsgesetz erreicht der Weg der scheinbar legalen Verfassungszerstörung seinen Höhepunkt. Die Betonung der Legalität beruhigt die revolutionsfeindliche deutsche Öffentlichkeit und erschwert den Widerstand gegen die Machtergreifung.

Bewertungsvorschlag:

Aufgabe	Anteil an der Gesamtzensur
1	30 %
2	30 %
3	40 %

Literatur:

Bracher, K.D., Lademacher, H., Hey, B., Winkler, H.A. (Hrsg.): Die Nationalsozialistische Machtergreifung, Der 30. Januar 1933 in Rheinland, Westfalen, Lippe, Düsseldorf 1983.
Focke, H., Hohlbein, H.: Stationen auf dem Weg zur Macht, Von der Weimarer Republik zum NS-System, Die Jahre 1932/33 in Deutschland, Hamburg 1982.
Mommsen, H.: Die verspielte Freiheit, Der Weg von Weimar in den Untergang 1918 bis 1933, Berlin 1989.
Schulze, H.: Weimar, Deutschland 1917–1933, Berlin 1982.
Winkler, H.A.: Weimar 1918–1933, Die Geschichte der ersten deutschen Demokratie, München 1993.

Arbeitsmaterial:

M 1: Fotomontage, erschienen am 18. Juni 1935 in der „Arbeiter-Illustrierten Zeitung“, Prag

Hinweise zum Material:

- Der Inhalt des Flottengesprächs lautet:
  Baldwin: „Also wie abgemacht, Kanzler: Ihre neuen Kreuzer können nur nach Osten fahren...“
  Hitler: „Und nur auf rote Ziele schießen, Exzellenz!“
- Stanley Baldwin war von 1924–1929 und 1935–1937 britischer Premierminister.

M 2: Aus Hitlers Reichstagsrede vom 7. März 1936:

„...Nach drei Jahren glaube ich so mit dem heutigen Tag den Kampf um die deutsche Gleichberechtiguung als abgeschlossen ansehen zu können. (...)
Wir haben in Europa keine territorialen Forderungen zu stellen. Wir wissen vor allem, daß alle die Spannungen, die sich entweder aus falschen territorialen Bestimmungen oder aus den Mißverhältnissen der Volkszahlen mit ihren Lebensräumen ergeben, in Europa durch Kriege nicht gelöst werden können. Wir hoffen aber, daß die menschliche Einsicht mithelfen wird, das Schmerzliche dieser Zustände zu mildern und Spannungen auf dem Wege einer langsamen evolutionären[1] Entwicklung in friedlicher Zusammenarbeit zu beheben. Und insbesondere empfinde ich mit dem heutigen Tage erst recht die Notwendigkeit, die Verpflichtung zu würdigen, die uns die wiedergewonnene nationale Ehre und Freiheit auferlegen.

Hinweis zum Material:

1 – Worterklärung evolutionär: sich allmählich und stufenweise entwickelnd

Quelle:

M 1: © Deutsches Historisches Museum, Berlin. Erschienen am 18. Juni 1935 in der „Arbeiter-Illustrierten Zeitung", Prag, abgedruckt in: Geschichte, Lehrbuch für Klasse 9, Verlag Volk und Wissen, Volkseigener Verlag, Berlin 13. Auflage 1982, S. 154.
M 2: *Meier-Benneckenstein, P.* (Hrsg.): Dokumente der deutschen Politik, Bd. 4, Junker und Dünnhaupt Verlag, Berlin 1937, S. 121 f.

Aufgaben:

1. Nenne die Daten zu folgenden Ereignissen:
   - Anschluß Österreichs
   - Wiedereinführung der allgemeinen Wehrpflicht
   - Hitler-Stalin-Pakt

2.1 Erläutere, worauf M 1 anspielt!
2.2 Arbeite die Absicht der Fotomontage heraus!

3. Erläutere folgende Begriffe:
   - Appeasementpolitik
   - Lebensraumideologie
4. Ordne M 2 unter Einbeziehung des Textes in den historischen Zusammenhang ein!

Lernvoraussetzungen:

Die Schülerinnen und Schüler sollten informiert sein über:
- die Abrüstungsverhandlungen des Versailler Vertrages für Deutschland;
- die Grundzüge der nationalsozialistischen Weltanschauung, besonders Hitlers Lebensraumkonzept;
- die Methoden und Schritte der nationalsozialistischen Außenpolitik bis 1939 (bes. Friedenspropaganda, Vertragsbrüche, Fortführung der Revisionspolitik, Erpressung, Annexion und offene Gewaltpolitik);
- die Appeasementpolitik.

Leistungserwartungen~

Aufgabe 1:

• Anschluß Österreichs	März 1938
• Wiedereinführung der allgemeinen Wehrpflicht	16. März 1935
• Hitler-Stalin-Pakt	23. August 1939

Aufgabe 2.1: Die Fotomontage nimmt Bezug auf das deutsch-englische Flottenabkommen, das am 18.6.1935, dem Erscheinungstag der Fotomontage, zustande kam. Unter Umgehung der Versailler Vertragsbestimmungen wurde festgelegt, daß das Deutsche Reich 35% der britischen Seerüstung besitzen durfte. In der U-Boot-Rüstung wurde Parität vereinbart. Die „Stresa-Front" war dadurch geschwächt.

Aufgabe 2.2: Die Fotomontage verurteilt die Bereitschaft der britischen Regierung, mit Deutschland ein Flottenabkommen zu schließen, das die Bestimmungen des Versailler Vertrages verletzt. Durch Ironie („Kreuzer, die nur ostwärts schießen") wird darauf hingewiesen, daß sich die deutsche Flotte auch z.B. gegen England wenden könnte und daß die Briten nicht bedenken, daß sie Gefahr für die eigene Sicherheit und den Weltfrieden heraufbeschwören. Ergänzend kann darauf hingewiesen werden, daß der britische Premierminister sich von Hitlers propagandistisch herausgestelltem Anspruch, Europa vor dem Bolschewismus zu retten („nur auf rote Ziele schießen"), täuschen läßt.

Aufgabe 3: Unter Appeasementpolitik (von to appease – beschwichtigen, beruhigen) ist der Grundsatz der britischen Außenpolitik zu verstehen, Hitler durch Gewährung von Zugeständnissen zufriedenzustellen, um auf diese Weise den Frieden zu erhalten. Diese Politik soll an Beispielen kurz erläutert werden (z.B. Anschluß Österreichs oder Münchner Abkommen). Unter Einbeziehung von M 1 kann erläutert werden, daß bereits das deutsch-britische Flottenabkommen als Ausdruck der Appeasementpolitik gesehen werden muß, da Deutschland eine Umgehung des Versailler Vertrages mit dem Ziel einer Gleichberechtigung zugestanden wurde.
Unter Lebensraumideologie ist der Teil der nationalsozialistischen Weltanschauung zu verstehen, der aufgrund der behaupteten Höherwertigkeit der arischen Rasse im Rahmen des „Daseinskampfes" eine Ausweitung des Lebensraumes forderte, der aus rassischen Gründen im Osten Europas liegen mußte. Der neue Lebensraum sollte den Nahrungs- und Rohstoffbedarf des deutschen Volkes sichern.

Aufgabe 4: Als unmittelbarer Kontext der Rede Hitlers soll die gegen den Versailler Vertrag verstoßende Rheinlandbesetzung und die Kündigung des Vertrages von Locarno erkannt werden. Hitler betont zu Beginn die Gleichberechtigung, da nach der Einführung der Wehrpflicht 1935 mit der Rheinlandbesetzung die militärische Souveränität erreicht ist (s. auch Schlußsatz: „die wiedergewonnene nationale Ehre und Freiheit").
Die Schüler sollen weiter zeigen, daß Hitler erneut eine Friedensrede hält, um das Ausland wegen der Vertragsverletzung zu beruhigen und militärische Reaktionen zu verhindern („keine territorialen Forderungen", „in friedlicher Zusammenarbeit"). Wegen der noch nicht abgeschlossenen Rüstung mußte Hitler seine Kriegsabsichten 1936 noch verschleiern.

Bewertungsvorschlag:

Aufgabe	Anteil an der Gesamtzensur
1	10 %
2	35 %
3	20 %
4	35 %

Literatur:

Wendt, B.-J.: Großdeutschland, Außenpolitik und Kriegsvorbereitung des Hitler-Regimes, München 1987.

M 1: Briefe im I. Weltkrieg gefallener Soldaten, 1939 veröffentlicht in einem Sammelband

a) Willi C., geb. 29. April 1886, gest. 17. Mai 1915

„12. Mai 1915:
Waren das Tage! Die Russen sind gänzlich geschlagen, viele Gefangene haben wir gemacht. Hei, wie die Kugeln flogen am Sonntag, als wir im Sturm ein Dorf nahmen. Jetzt verfolgen wir den Feind. Die Schrecken des Krieges erlebte ich in ihrer ganzen Größe. Die Feldküche – eine Einrichtung, wie es herrlicher keine gibt! Viele bleiben am Wege liegen. Ich nicht, ich mache mit, es muß sein."

b) Otto M., geb. 8. Juli 1878, gest. 6. Juni 1915

„7. März 1915:
Du sollst mich nicht bedauern. Ich trage das alles wirklich gern, weiß ich doch, daß ich es für Euch und unser schönes Vaterland trage. Immer wieder muß ich Dir sagen: Gott sei Dank, daß der Feind nicht im Land steht. Wir sind milde und anständige Feinde, wer weiß, ob die Franzosen oder Russen so gehandelt hätten wie wir.
Daheim scheinen viele Leute garnicht mehr zu wissen, daß wir im Kampfe stehen und zwar in einem Kampfe, wie ihn das deutsche Volk noch nicht führen mußte. Die Mißmacher sollten sich schämen, über diese oder jene kleine Entbehrung zu murren. ... Du brauchst nicht zu befürchten, daß ich anders heimkomme als ich ging. Und wenn ich doch verändert sein sollte, dann nur nach der guten Seite hin. Wie kleinlich kommt mir jetzt manches vor, was mich früher aufregte und besorgt machte. Der Krieg ist eben ein großer Erzieher."

c) Karl H., geb. 30. November 1885, gest. 20. Juli 1915

„15. Juni 1915:
Nur noch einige Tage, und auch ich ziehe hinaus in den heißen Männerstreit, ich bin gerne bereit, das mit der Tat zu beweisen, was ich in neunjähriger Dienstzeit im lieben Schulleben deutscher Knaben und Mädchen im In- und Ausland lehrte: „Nicht in Worten nur und Liedern ist mein Herz zum Dank bereit. Mit der Tat will ich's erwidern, Dir in Kampf, in Not und Streit."
... Die Reihe ist an mir. Aus England rief mich das Vaterland in Kriegszeit, freiwillig kam ich herüber und freiwillig ziehe ich nunmehr Sieg und ... Tod entgegen. Für echtes, wahres Deutschtum, von dem der Dichter spricht mit den Worten: „An deutschem Wesen soll die Welt genesen" will ich kämpfen und streiten.
Möge der allgewaltige Schlachtenlenker mit mir sein, mich stärken mit seinem Trost, mich stark und mutig machen in größter Gefahr und mich, wenn es sein unerforschlicher Ratschluß ist, einen ehrlichen Heldentod sterben lassen dort draußen vor dem Feinde..."

M 2: Aus dem Geleitwort zur Veröffentlichung der Briefe (Januar 1939)

„... Wir Erzieher aber wollen im Gedenken an unsere gefallenen Kameraden unsere Arbeit ganz einstellen auf die höchsten Werte: auf die Arbeit an unserm inneren Menschen, an den Menschen und für die Menschen. Jetzt erst, nachdem der Führer den Traum eines Jahrtausend verwirklicht hat, können wir den gefallenen Freunden mit Hölderlin zurufen:
Der Sieg ist Unser! Leben droben, o Vaterland,
Und zähle nicht die Toten. Dir ist, liebes, nicht einer zuviel gefallen."

Quelle:

M 1 u. M 2: *Führen, F.* (Hrsg.): Lehrerbriefe aus dem Felde, Vermächtnis gefallener Erzieher, Julius Klinkhardt Verlagsbuchhandlung, Bad Heilbrunn, Leipzig 1939, M 1a: S. 95, M 1b: S. 103, M 1c: S. 119, M 2: S. 8.

Aufgaben:

1. Erarbeite aus den Briefen (M 1 a–c) die Einstellung der Verfasser zum Krieg und zur eigenen Aufgabe als Soldat!
2. Ordne das Erscheinen des Buches (Januar 1939) in den außen- und innenpolitischen Zeitzusammenhang ein!
3. Formuliere eine Einschätzung, welche Werte die Veröffentlichung des Buches (M 1 u. M 2) fördern soll, und nimm dazu kritisch Stellung!

Lernvoraussetzungen:

Die Schüler sollten bei der Behandlung des Nationalsozialismus die Methoden und Ziele der Beeinflussung der Bevölkerung, insbesondere der Jugend, kennengelernt haben. Sie sollten die Kriegsbriefe und ihre Erscheinungsform mit der ,,Wehrhaftmachung“ als Erziehungsziel des Nationalsozialismus und der psychologischen Kriegsvorbereitung in Verbindung bringen können. Zur Einordnung des Erscheinens in den Zeitzusammenhang sollten sie die innen- und außenpolitische Entwicklung von 1933–1939 skizzieren können.

Leistungserwartungen:

Aufgabe 1: Allen Texten gemeinsam ist die klare Bejahung des Krieges. Zweifel am Sinn des Krieges oder der Art der deutschen Kriegführung werden nicht artikuliert. Alle Verfasser vertreten auch ihre persönliche Teilnahme am Krieg, jedoch aus unterschiedlichen Motiven.
Für den Verfasser des ersten Briefes ist der Krieg ein einziges Abenteuer. Den Fronteinsatz erfährt er als großartiges Erlebnis, die Feldküche wird gepriesen. Trotz der Konfrontation mit dem Tod der Kameraden ignoriert bzw. verdrängt Willi C. die eigene Gefährdung und stürzt sich in den nächsten Kampf.
Ganz anders ist die Motivation bei Otto M. Er muß den Krieg ertragen und ist sich bewußt, daß der Krieg ihn verändert. Dies empfindet er selbst als Reifung, er personifiziert den Krieg als großen Erzieher. Obwohl er den Krieg weder als Abenteuer noch als Bestätigung empfindet, zweifelt er nicht an seiner Rolle als Soldat. Er sieht sich moralisch gerechtfertigt als Verteidiger von Familie und Vaterland.
Im dritten Brief spricht der überzeugte Patriot, der in festem Sendungsbewußtsein „wahres Deutschtum“ in der Welt verbreiten will. Den freiwilligen Kriegseinsatz betrachtet er als Dank, den er dem Vaterland schuldet. Der Tod im Krieg, den er bewußt in seine Überlegungen einbezieht, ist für ihn der „Heldentod“, den er zu sterben bereit ist.

Aufgabe 2: Das Buch, etwas mehr als ein halbes Jahr vor dem deutschen Angriff auf Polen erschienen, belegt die psychologische Vorbereitung auf den Krieg. Schon seit der Machtergreifung strebt die nationalsozialistische Führung eine Erziehung der Jugend im Sinne eines wehrhaft-kämpferischen Ideals an. Dabei kann auf geistige Grundlagen und Traditionen aus der Zeit des Kaiserreichs und der Weimarer Republik zurückgegriffen werden. Trotz des laut propagierten Friedenswillens wird schon vor, aber besonders seit 1936 die Außenpolitik des nationalsozialistischen Deutschlands durch Androhung und Anwendung von Gewalt geprägt. Als Beispiele können dienen:
- Austritt aus dem Völkerbund (1933)
- Aufbau der Wehrmacht (1935)
- Einmarsch in das entmilitarisierte Rheinland (1935)
- Spanischer Bürgerkrieg (1936)
- „Achse“ Berlin-Rom und Antikominternpakt (1936/37)
- „Anschluß“ Österreichs (1938)
- Besetzung des Sudetenlands (1938)
- Besetzung der „Rest-Tschechoslowakei“ (März 1939)
- Abtretung des Memelgebietes von Litauen (März 1939)

Der eigenen Bevölkerung wird dagegen die „Einkreisung“ durch feindliche Mächte suggeriert, um die Aufrüstung und die Militarisierung der Gesellschaft zu begründen. Im Inneren wird Krieg gegen die „Staatsfeinde“ und „Volksschädlinge“ sowie vor allem gegen die zu „Volksfeinden“ erklärten Juden geführt. In die seit 1933 eingerichteten Konzentrationslager wird eine wachsende Zahl von „Schutzhäftlingen“ eingewiesen. Die Juden werden in jeder erdenklichen Weise schikaniert, aus dem öffentlichen Leben verdrängt, verfolgt oder ins Ausland abgedrängt.

Aufgabe 3: Dem Herausgeber des Buches dürften Briefe gefallener Lehrer besonders geeignet erschienen sein, die Erzieher und die ihnen anvertraute Jugend von den militärischen Tugenden wie Gehorsam, Treue, Kameradschaft, Disziplin und Bereitschaft zum „Heldentod“ zu überzeugen, die zu den vorrangigen Erziehungszielen des nationalsozialistischen Regimes zählten. Die Ergebnisse der nationalsozialistischen Herrschaft preist der Herausgeber als Erfüllung des „Traums eines Jahrtausends“, die Kriegsgefallenen des Ersten Weltkriegs stilisiert er zu Märtyrern bzw. Helden, deren Erbe zur Nachfolge verpflichtet.
Die kritische Stellungnahme sollte die Verführung der Jugend, die Verherrlichung des Krieges und die Erziehung zum blinden Gehorsam aufzeigen, durch die christlich-humanistische und rationale Traditionen der westlichen Zivilisation verdrängt werden sollten. Es könnte auch darauf hingewiesen werden, daß die Ausbildung der Einzelpersönlichkeit vernachlässigt wird zugunsten einer Einbindung des einzelnen in die „Volksgemeinschaft“.

Bewertungsvorschlag:

Aufgabe	Anteil an der Gesamtzensur
1	40 %
2	30 %
3	30 %

Literatur:

Bracher, K.D., Funke, M., Jacobsen, H.-A. (Hrsg.): Nationalsozialistische Diktatur 1933–1945, Eine Bilanz, Schriftenreihe der Bundeszentrale für politische Bildung Bd. 192, Bonn 1983.
Bracher, K.D., Funke, M., Jacobsen, H.-A. (Hrsg.): Deutschland 1933–1945, Neue Studien zur nationalsozialistischen Herrschaft, Schriftenreihe der Bundeszentrale für politische Bildung Bd. 314, Bonn ^{2}1993.
Hildebrand, K.: Das Dritte Reich, Oldenbourg-Grundriß der Geschichte Bd. 17, München ^{4}1991.
Thamer, H.-U.: Verführung und Gewalt, Deutschland 1933–1945, Die Deutschen und ihre Nation, Bd. 5, Berlin 1986.
Wendt, B.-J.: Großdeutschland, Außenpolitik und Kriegsvorbereitung des Hitler-Regimes, Deutsche Geschichte der neuesten Zeit vom 19. Jahrhundert bis zur Gegenwart, München ^{2}1993.

Arbeitsmaterial:

M 1: Informationen der NSDAP-Partei-Kanzlei für Gau- und Kreisleiter der Partei über die „Endlösung der Judenfrage“ (9.10.1942)

Im Zuge der Arbeiten an der Endlösung der Judenfrage werden neuerdings innerhalb der Bevölkerung in verschiedenen Teilen des Reichsgebiets Erörterungen über „sehr scharfe Maßnahmen“ gegen die Juden besonders in den Ostgebieten angestellt. Die Feststellungen ergaben, daß solche Ausführungen – meist in entstellter und übertriebener Form – von Urlaubern der verschiedenen im Osten eingesetzten Verbände weitergegeben werden, die selbst Gelegenheit hatten, solche Maßnahmen zu beobachten.
Es ist denkbar, daß nicht alle Volksgenossen für die Notwendigkeit solcher Maßnahmen das genügende Verständnis aufzubringen vermögen, besonders nicht die Teile der Bevölkerung, die keine Gelegenheit haben, sich aus eigener Anschauung ein Bild von dem bolschewistischen Greuel zu machen.
Um jeder Gerüchtebildung in diesem Zusammenhang, die oftmals bewußt tendenziösen Charakter trägt, entgegentreten zu können, werden die nachstehenden Ausführungen zur Unterrichtung über den derzeitigen Sachstand wiedergegeben:
Seit 2000 Jahren wurde ein bisher vergeblicher Kampf gegen das Judentum geführt. Erst seit 1933 sind wir daran gegangen, nunmehr Mittel und Wege zu suchen, die eine völlige Trennung des Judentums vom deutschen Volkskörper ermöglichen. Die bisher durchgeführten Lösungsarbeiten lassen sich im wesentlichen wie folgt unterteilen:
1. Zurückdrängung der Juden aus den einzelnen Lebensgebieten des deutschen Volkes.
Hier sollen die durch den Gesetzgeber erlassenen Gesetze das Fundament bilden, das die Gewähr dafür bietet, auch die künftigen Generationen vor einem etwaigen neuerlichen Überfluten durch den Gegner zu schützen.
2. Das Bestreben, den Gegner aus dem Reichsgebiet völlig hinauszudrängen.
In Anbetracht des dem deutschen Volk zur Verfügung stehenden, nur eng begrenzten Lebensraumes hoffte man, dieses Problem im wesentlichen durch die Beschleunigung der Auswanderung der Juden zu lösen.
Seit Beginn des Krieges 1939 wurden diese Auswanderungsmöglichkeiten in zunehmendem Maße geringer, zum andern wuchs neben dem Lebensraum des deutschen Volkes sein Wirtschaftsraum stetig an, so daß heute in Anbetracht der großen Zahl der in diesen Gebieten ansässigen Juden eine restlose Zurückdrängung durch Auswanderung nicht mehr möglich ist.
Da schon unsere nächste Generation diese Frage nicht mehr so lebensnah und auf Grund der ergangenen Erfahrungen nicht mehr klar genug sehen wird, und die nun einmal ins Rollen gekommene Angelegenheit nach Bereinigung drängt, muß das Gesamtproblem noch von der heutigen Generation gelöst werden. Es ist daher die völlige Verdrängung bzw. Ausscheidung der im europäischen Wirtschaftsraum ansässigen Millionen von Juden ein zwingendes Gebot im Kampf um die Existenzsicherung des deutschen Volkes.
Beginnend mit dem Reichsgebiet und überleitend auf die übrigen in die Endlösung einbezogenen europäischen Länder werden die Juden laufend nach dem Osten in große, zum Teil vorhandene, zum Teil noch zu errichtende Lager transportiert, von wo aus sie entweder zur Arbeit eingesetzt oder noch weiter nach Osten verbracht werden. Die alten Juden sowie Juden mit hohen Kriegsauszeichnungen (EK I., Goldene Tapferkeitsmedaille usw.) werden laufend nach der im Protektorat Böhmen und Mähren gelegenen Stadt Theresienstadt umgesiedelt. Es liegt in der Natur der Sache, daß diese teilweise sehr schwierigen Probleme im Interesse der endgültigen Sicherung unseres Volkes nur mit rücksichtsloser Härte gelöst werden können.

M 2: Werbeplakate der Nordseebäder Norderney und Borkum

M 3: Auf der Eisenbahnrampe des Vernichtungslagers Auschwitz

Quelle:

M 1: Archiv des Instituts für Zeitgeschichte, zit. nach: *Conze, W.*: Der Nationalsozialismus 1934–1945, Totaler Führerstaat und nationalsozialistische Eroberungspolitik, Stuttgart 1984, S. 80 f.
M 2: *Junk, P., Sellmeyer, M.*: Stationen auf dem Weg nach Auschwitz, Entrechtung, Vertreibung, Vernichtung, Juden in Osnabrück 1900–1945, Rasch Druckerei und Verlag, Bramsche, Osnabrück 1988, S. 34.
M 3: © Bilderdienst Süddeutscher Verlag, München, in: Informationen zur politischen Bildung, hrsg. v. der Bundeszentrale für politische Bildung, Heft 123/126/127, Bonn 1991, S. 63.

Aufgaben:

1.1 Erarbeite aus dem Text (M 1) Phasen und Ziel der nationalsozialistischen Judenverfolgung!
1.2 Erkläre, was sich hinter dem im Text (M 1) verwendeten Begriff „Endlösung“ verbarg!
2. Beschreibe die Abbildungen (M 2 u. M 3), und ordne sie den im Text (M 1) erwähnten Maßnahmen zu!
3. Nimm mit Bezug auf die Materialien (M 1–3) Stellung zu der Auffassung, die Deutschen hätten von der Judenverfolgung nichts oder kaum etwas gewußt!

Lernvoraussetzungen:

Die Arbeit ist als Bestandteil einer Unterrichtsreihe zur Judenverfolgung innerhalb der Behandlung des Nationalsozialismus konzipiert. Im Verlauf dieser Unterrichtsreihe sollten die Schüler die nationalsozialistische Rassenlehre als ideologische Grundlage der Judenverfolgung sowie die Voraussetzungen für ihre Entfaltung in Deutschland kennengelernt haben. Die Stufen der Judenverfolgung sollten von den ersten Diskriminierungen 1933 bis zu den Massenvernichtungen während des Zweiten Weltkrieges behandelt worden sein. Schließlich sollte die Unverzichtbarkeit der Behandlung des Themas im Unterricht mit den Schülern reflektiert worden sein. Sie sollten sich mit Versuchen historischer Legendenbildung auseinandersetzen können und die Verdrängung des Themas begründet zurückweisen können.

Leistungserwartungen:

Aufgabe 1.1: Am Ziel der Judenverfolgung läßt der Text keine Zweifel aufkommen. Als „Endlösung der Judenfrage" wird die „völlige Verdrängung bzw. Ausscheidung der im europäischen Wirtschaftsraum ansässigen Millionen von Juden" genannt.
Der Text unterscheidet zwei Phasen von Maßnahmen auf dem Wege zur Verwirklichung dieses Ziels. [Je nach unterrichtlichen Kenntnissen könnten die Schüler diese Stufen weiter differenzieren.] Als erste Phase wird die „Zurückdrängung der Juden aus einzelnen Lebensgebieten des deutschen Volkes" genannt. Gemeint ist hiermit die völlige Entrechtung der Juden in einzelnen Schritten von 1933 bis 1939. Zunächst mit Hilfe der Notverordnungen und des Ermächtigungsgesetzes (1933–1935), dann durch die „Nürnberger Gesetze" und die auf ihnen basierenden Verordnungen (1935–1938) und schließlich durch die im Novemberpogrom 1938 („Reichskristallnacht") ihren Höhepunkt erreichenden Gewaltaktionen werden die Juden zu Bürgern minderen Rechts bzw. zu Rechtlosen.
Die im Text als zweite Phase genannte völlige Hinausdrängung der Juden aus dem Reichsgebiet wird vor dem Krieg für eine gewisse Zeit in Form von Auswanderungen betrieben. Ihren Höhepunkt erreicht diese Phase im „Madagaskarplan", mit dem die – völlig unrealistische – Verschickung von mehreren Millionen Juden auf die französische Kolonialinsel propagiert wurde. Schon vor dem Krieg und seit Kriegsbeginn forciert kommt es dann zu Massendeportationen nach Osten in die polnischen Lager und Getthos. Seit 1941 wird die Massenvernichtung durch Erschießungen und Vergasungen begonnen.

Aufgabe 1.2: Die Schüler sollten erläutern, daß mit der im Text angesprochenen „Endlösung der Judenfrage", die „nur mit rücksichtsloser Härte gelöst werden" könne, die physische Vernichtung aller Juden in Europa gemeint ist, die dem Zugriff des nationalsozialistischen Regimes ausgesetzt sind. Diese wird im rassistischen und antisemitischen Schrifttum der Nationalsozialisten gedanklich vorbereitet, in der Euthanasie mit der Errichtung der ersten Gaskammern methodisch erprobt und in der Reichstagsrede vom 30. Januar 1939 von Hitler öffentlich angekündigt. Die organisatorische Planung der „Endlösung" mit Deportation nach Osten (Polen), Zwangsarbeit, Auswahl der Arbeitsunfähigen zur Vernichtung und Ausrottung der den Arbeitseinsatz überlebenden Juden erreicht ihren Höhepunkt in der Wannseekonferenz vom 20. Januar 1942. Die Umsetzung der Planung in die Praxis schließt sich fast unmittelbar an.

Aufgabe 2: Die Werbeplakate der beiden Nordseebäder Norderney und Borkum (M 2) geben ein Beispiel für die Diskriminierung der Juden in der ersten Phase der Verfolgung. Die aus dem Jahre 1934 stammenden Plakate belegen anschaulich die „Zurückdrängung der Juden aus den einzelnen Lebensgebieten des deutschen Volkes". Ohne gesetzlichen Zwang versuchen die Ferienorte ihre jüdischen Gäste auszugrenzen. Während Norderney es beim allerdings nicht zu übersehenden Hinweis „Juden sind unerwünscht" beläßt, geht Borkum einen Schritt weiter und wirbt einprägsam mit seinem „deutschen judenreinen Borkum-Strand".
Das Bild der „Selektion" auf der Eisenbahnrampe von Auschwitz (M 3) belegt die andere Stufe der Judenverfolgung, d.h. die systematische Vernichtung der nach Osten deportierten Juden in den Gaskammern der Vernichtungslager. Das Bild zeigt die „Selektion", die sofort nach dem Ausladen aus den Güterwagen von SS-Ärzten und -Offizieren vorgenommen wurde. In zwei Marschsäulen, nach Geschlechtern getrennt, werden die Angetretenen auf ihre Arbeitsfähigkeit hin untersucht. Die für arbeitsfähig Befundenen werden in Arbeitslager gebracht, die übrigen (ca. 75%), meist ältere Menschen, Frauen und Kinder, werden sofort zu den Gaskammern gebracht.

Aufgabe 3: Die Schüler sollten eine differenzierte Stellungnahme abgeben. Während die allgemeine Diskriminierung der Juden und ihre völlige Entrechtung für die gesamte Bevölkerung sichtbar war und die gesetzlichen Maßnahmen bei der Bevölkerung eher auf Zustimmung als auf Ablehnung stießen, beschränkte sich die Kenntnis der Massenvernichtung zunächst auf die politischen, z.T. auch militärischen Führungskreise sowie auf die beteiligten Verwaltungen und die ausführenden SS-Leute. Durch Beobachtungen und auch Beteiligung von Wehrmachtsangehörigen gelangten aber auch Berichte in die Heimat. Das Schreiben der NSDAP-Partei-Kanzlei (vgl. 1. Absatz M 1) belegt, daß diese Berichte Unruhe und Ablehnung hervorriefen, wie es in der Vorkriegszeit auch die Brutalitäten der SA-Schlägertrupps getan hatten. Die Geheimhaltung und Tarnung, unter der die Endlösung geplant und durchgeführt wurde, belegt, daß die Führung des Regimes sich des mangelnden Rückhalts in der Bevölkerung hinsichtlich der Verfolgungsmaßnahmen bewußt war. Andererseits hatte die Verdrängung der Juden aus der Gesellschaft in aller Öffentlichkeit stattgefunden und nur in Einzelfällen Solidarität und Hilfe ausgelöst.

Bewertungsvorschlag:

Aufgabe	Anteil an der Gesamtzensur
1.1	25 %
1.2	15 %
2	30 %
3	30 %

Literatur:

Benz, W. (Hrsg.): Die Juden in Deutschland 1933–1945, Leben unter nationalsozialistischer Herrschaft, München 1988.
Bracher, K.D., Funke, M., Jacobsen, H.-A. (Hrsg.): Nationalsozialistische Diktatur 1933–1945, Eine Bilanz, Schriftenreihe der Bundeszentrale für politische Bildung Bd. 192, Bonn 1983.
Bracher, K.D., Funke, M., Jacobsen, H.-A. (Hrsg.): Deutschland 1933–1945, Neue Studien zur nationalsozialistischen Herrschaft, Schriftenreihe der Bundeszentrale für politische Bildung Bd. 314, Bonn ^{2}1993.
Strauss, H.A., Kampe, N. (Hrsg.): Antisemitismus, Von der Judenfeindlichkeit zum Holocaust, Schriftenreihe der Bundeszentrale für politische Bildung Bd. 213, Bonn 1985.
Reitlinger, G.: Die Endlösung, Hitlers Versuch der Ausrottung der Juden Europas 1939–1945, Berlin 1979.
Thamer, H.-U.: Verführung und Gewalt, Deutschland 1933–1945, Die Deutschen und ihre Nation, Bd. 5, Berlin 1986.

Arbeitsmaterialien:

M 1: Am 15. Juli schrieb der in der Weimarer Republik sehr bekannte sozialistische Publizist und Pazifist Carl von Ossietzky aus dem Konzentrationslager Esterwegen an seine Frau:

Meine liebe Maudie,

Deine Karte habe ich inzwischen erhalten und sage vielmals Dank dafür. Ich kann kaum sagen, wie sehr mich Dein Besuch gefreut hat und daß wir uns wieder über unsere dringendsten Angelegenheiten ausgesprochen haben. Du kannst Dir denken, daß ich um dich viele Sorgen hatte, und ich muß sagen, daß ich seitdem viel ruhiger bin, denn Du warst beherrscht und weit weniger nervös als ich befürchtete. Aber ich hoffe, daß auch Du jetzt, wo Du mich gesehen hast, ruhiger geworden bist. Du hast dich mit Deinen Augen überzeugen können, daß ich nicht schlecht aussehe und mich ganz wohlauf befinde, daß aber bestimmte, wie man mich unterrichtet hat, im Ausland verbreitete Gerüchte nicht stimmen. Du wirst dich daran erinnern, daß der Herr Kommissar Dir sagte, es wäre gut, wenn Du von dem, was Du gesehen hast, auch wirklich Gebrauch machen würdest. Es ist jedenfalls richtigt das zu tun, wenn auch Dein Bekanntenkreis klein genug ist. Mir ist erst kürzlich wieder eine Karte von einem unbekannten Absender aus Zürich vorgehalten worden – es ist leicht zu begreifen, daß Deine Bemühungen um meine Freilassung dadurch sehr erschwert werden.

Ich sehe mir die Bilder von Baby oft an. Wie groß sie geworden ist, ich fürchte, daß ich sie gar nicht wiedererkennen werde. Was Du mir über sie erzählt hast, hat mich sehr glücklich gemacht. Schreibe mir weiter über sie, damit ich gelegentlich mit einem kleinen Rat weiterhelfen kann, und übermittle ihr alle meine Liebe.

Sonst habe ich nichts Neues zu berichten. Was Du mir mitgebracht hast, hat herrlich geschmeckt, vor allem die hausgemachte Marmelade, ist aber nunmehr leider zu Ende. Die Zeitung kommt pünktlich. Schicke mir bitte wieder etwas Geld. Die angebotene Einladung in die Sommerfrische würde ich unbedingt annehmen. Du hast es nötig. Herzlichen Gruß an Hedwig und an Alle. Ich küsse und umarme dich vielmals

Dein

Carl

M 2: Als Vertreter des Internationalen Roten Kreuzes besuchte der Schweizer Carl J. Burckhardt das Konzentrationslager Esterwegen. Er traf dabei auch mit Carl von Ossietzky zusammen:

Der kritische Augenblick meines Besuches trat um 3 Uhr nachmittags ein. Wir hatten auf mein Begehren in der Kantine der Sträflinge etwas zu uns genommen, dann haben wir weiter besichtigt. Um 3 Uhr nachmittags, mitten auf dem großen Freiplatz zwischen den Baracken, sagte ich zu dem Kommandanten, Standartenführer Loritz: „Jetzt wünsche ich Herrn von Ossietzky zu sehen und zeugenlos mit ihm zu sprechen, den Hamburger Pazifisten und Schriftsteller Ossietzky, den Nobelpreisträger."

Die Umstehenden nahmen eine fast drohende Haltung an. Loritz hochrot im Gesicht, preßte hervor: „Wen wollen Sie sehen? Wer ist das?"

„Sie wissen es genau!"

„Kein Häftling dieses Namens ist hier."

„Doch er ist hier, falls er noch lebt. Wir wollen keine Zeit verlieren", dann lauter, „falls er nicht mehr lebt, mache ich Sie persönlich verantwortlich."

Jetzt schrie Loritz: „Unmöglich, ausgeschlossen, ich weigere mich."

Tamaschke, der Verzweiflung nahe, versuchte, auf mich einzureden. Nun ein einziges Mal, entschloß ich mich auch zu dem Kasernenhofton:

„Was ist das für eine verdammte Schweinerei, daß hier Befehle nicht durchgehen. Sie kennen Ihren Befehl, ich sehe die Häftlinge, die ich zu sehen wünsche und spreche mit ihnen, Sie wissen, um was es geht."

Mehr brauchte der Unteroffizier nicht. Schon lief einer aus dem Gefolge in die hinterste Baracke. Dann standen wir schweigend, wieder schaute ich auf die Armbanduhr, drei Minuten, fünf, zehn.

Nach zehn Minuten kamen zwei SS-Leute, die einen kleinen Mann mehr schleppten und trugen als heranführten.

Ein zitterndes, totenblasses Etwas, ein Wesen, das gefühllos zu sein schien, ein Auge verschwollen, die Zähne anscheinend eingeschlagen, er schleppte ein gebrochenes, schlecht ausgeheiltes Bein.
Ich ging ihm entgegen, reichte ihm die Hand, die er nicht ergriff.
„Melden!“ schrie Loritz.
Ein unartikulierter, leiser Laut kam aus der Kehle des Gemarterten.
Ich zu Loritz: „Zurück!“
„Herr von Ossietzky“, sprach ich ihn an, „lch bringe Ihnen die Grüße lhrer Freunde. Ich bin der Vertreter des Internationalen Komitees vom Roten Kreuz, ich bin hier, um ihnen, soweit uns dies möglich ist, zu helfen.“
Nichts. Vor mir, gerade noch lebend, stand ein Mensch, der an der äußersten Grenze des Tragbaren angelangt war.
Kein Wort der Erwiderung.
Ich trat näher. Jetzt füllte sich das noch sehende Auge mit Tränen, lispelnd unter Schluchzen sagte er:
„Danke, sagen Sie den Freunden, ich sei am Ende, es ist bald vorüber, bald aus, das ist gut.“
Und dann noch ganz leise: „Danke, ich habe einmal Nachrichten erhalten, meine Frau war einmal hier: ich wollte den Frieden.“ Dann kam wieder das Zittern. Ossietzky verneigte sich leicht in der Mitte des weiten, leeren Lagerplatzes und machte eine Bewegung, als wolle er militärische Stellung annehmen, um sich abzumelden. Dann ging er, das eine Bein nachschleppend, mühsam Schritt vor Schritt zu seiner Baracke zurück.

Quelle:

M 1: Archiv der Universität Oldenburg, Sign. 301 JB 4009–21, zit. nach: *Czeranka, W.* u.a.: Die Zerstörung von Recht und Menschlichkeit in den Konzentrations- und Strafgefangenenlagern des Emslands 1933–1945, Materialien für den Geschichtsunterricht, (Hrsg. Landkreis Emsland) Papenburg, 3. ergänzte Auflage 1995, S. 23 f.
M 2: *Burckhardt, C. J.*: Meine Danziger Mission 1937–1939, Verlag Georg D.W. Callwey, München (2) 1960, S. 60 f.

Aufgaben:

1. Erläutere, in welchem Zusammenhang die Konzentrationslager mit der „Reichstagsbrandverordnung“ stehen!
2. Erläutere, inwiefern sich der Brief von Ossietzkys (M 1) und der Bericht Burckhardts (M 2) widersprechen!
3. Erkläre den Widerspruch zwischen dem Brief von Ossietzkys und dem Bericht Burckhardts! Beziehe die Absicht des Briefes ein!

Lernvoraussetzungen:

Die Schülerinnen und Schüler sollten informiert sein über:
- die Errichtung der nationalsozialistischen Diktatur (besonders Inhalt und Bedeutung der Notverordnung „zum Schutz von Volk und Staat" („Reichstagsbrandverordnung") vom 28.2.1933;
- die Unterdrückung und Verfolgung von Oppositionellen und Minderheiten;
- die Konzentrationslager von SA und SS als Lager für die Verfolgten und den Terror in den Lagern.

Leistungserwartungen:

Aufgabe 1: Die Schüler sollen zeigen, daß die „Reichstagsbrandverordnung" vom 28.2.1933 die Grundlage zur systematischen Verfolgung der politischen Gegner des Regimes war. Durch die Beseitigung der wichtigsten Grundrechte (besonders die Aufhebung der persönlichen Freiheit) war es den Machthabern möglich, willkürlich mißliebige Personen auf unbestimmte Zeit zu verhaften. Um die Fülle der „Schutzhäftlinge" unterzubringen, wurden seit März 1933 Konzentrationslager errichtet. Die darin Eingesperrten waren entrechtet und für den nationalsozialistischen Staat nicht mehr gefährlich.

Aufgabe 2: Die Schüler sollen erläutern, daß sich in dem Bericht Burckhardts die Lagerleitung erst nach energischem Drängen dazu bereiterklärt, daß der Vertreter des IRK Ossietzky sehen und mit ihm sprechen kann. Burckhardt muß erkennen, daß der Nobelpreisträger schwer mißhandelt wurde und seelisch gebrochen ist.
In dem Brief dagegen erwähnt Ossietzky, daß seine Frau sich überzeugen konnte, daß er „nicht schlecht aussehe" und sich „ganz wohlauf befinde". Der Brief vermittelt insgesamt den Eindruck, daß der Aufenthalt im Lager für den Häftling erträglich sei. Die Anteilnahme Ossietzkys am Leben seiner Familie deutet auf seinen nach wie vor bestehenden Lebenswillen hin (u.a.: „ich fürchte, daß ich sie gar nicht wiedererkennen werde").

Aufgabe 3: Die Schüler können aufgrund des Berichts Burckhardts erkennen, daß der Brief eine beschönigende Beschreibung der Lagerwirklichkeit darstellt. Es kann erschlossen werden, daß von Ossietzky unter den Bedingungen der Zensur schreibt. Unter dem Druck der Bewacher soll er seine Frau und die Öffentlichkeit über seine Situation täuschen. Dem entspricht der sich in dem Bericht Burckhardts zeigende Versuch, den wahren Zustand des Gefolterten vor dem ausländischen Beobachter zu verheimlichen. Das Schweigen der Gefangenen über die wahren Zustände wurde durch Mißhandlung bzw. Androhung schwerster Bestrafung erzwungen. Hierdurch läßt sich der Widerspruch zwischen Brief und Bericht erklären.

Bewertungsvorschlag:

Aufgabe	Anteil an der Gesamtzensur
1	25 %
2	30 %
3	45 %

Literatur:

Broszat, M.: Der Staat Hitlers, München 1969.
Kosthorst, E./Walter, B.: Konzentrations- und Strafgefangenenlager im Emsland 1933–1945, Düsseldorf 1985.

Arbeitsmaterialien:

M 1:	1.9.1939:	Hitler ordnet an, „daß nach menschlichem Ermessen unheilbaren Kranken ... der Gnadentod gewährt werden kann.“
	24.8.1941:	Hitler gibt den geheimen Befehl, das „Euthanasie-Programm“ abzubrechen.

M 2: Auszug aus der Predigt des Bischofs von Münster, Clemens August Graf von Galen, am Sonntag, dem 3.8.1941. Zwei ähnliche Predigten hielt Galen im Juli 1941.

Seit einigen Monaten hören wir Berichte, daß aus Heil- und Pflegeanstalten für Geisteskranke auf Anordnung von Berlin Pfleglinge, die schon länger krank sind und vielleicht unheilbar erscheinen, zwangsweise abgeführt werden.[1] Regelmäßig erhalten dann die Angehörigen nach kurzer Zeit die Mitteilung, die Leiche sei verbrannt, die Asche könne abgeliefert werden. Allgemein herrscht der an Sicherheit grenzende Verdacht, daß diese zahlreichen unerwarteten Todesfälle von Geisteskranken nicht von selbst eintreten, sondern absichtlich herbeigeführt werden, daß man dabei jener Lehre folgt, die behauptet, man dürfe sogenanntes ‚lebensunwertes‘ Leben vernichten, also unschuldige Menschen töten, wenn man sieht, ihr Leben sei für Volk und Staat nichts mehr wert. Eine furchtbare Lehre. (...)

Wie ich zuverlässig erfahren habe, werden jetzt auch in den Heil- und Pflegeanstalten der Provinz Westfalen Listen aufgestellt von solchen Pfleglingen, die als sogenannte „unproduktive Volksgenossen“ abtransportiert und in kurzer Zeit ums Leben gebracht werden sollen. Aus der Anstalt Marienthal bei Münster ist im Laufe dieser Woche der erste Transport abgegangen.[1]

Deutsche Männer und Frauen! Noch hat Gesetzeskraft der § 211 des Reichsstrafgesetzbuches, der bestimmt: „Wer vorsätzlich einen Menschen tötet, wird, wenn er die Tötung mit Überlegung ausgeführt hat, wegen Mordes mit dem Tode bestraft.“ (...)

Das Reichsstrafgesetzbuch bestimmt in § 139: „Wer von dem Vorhaben ... eines Verbrechens wider das Leben ... glaubhafte Kenntnis erhält und es unterläßt, der Behörde oder dem Bedrohten hiervon zur rechten Zeit Anzeige zu machen, wird ... bestraft.“

Als ich von dem Vorhaben erfuhr, Kranke aus Marienthal abzutransportieren, um sie zu töten, habe ich am 28. Juli bei der Staatsanwaltschaft beim Landgericht Münster und bei dem Herrn Polizeipräsidenten in Münster Anzeige erstattet durch eingeschriebenen Brief. (...)

Nachricht über ein Einschreiten der Staatsanwaltschaft oder der Polizei ist mir nicht zugegangen. (...)

Wenn man den Grundsatz aufstellt und anwendet, daß man den „unproduktiven“ Mitmenschen töten darf, dann wehe uns allen, wenn wir alt und altersschwach werden! Wenn man die unproduktiven Menschen töten darf, dann wehe den Invaliden, die im Produktionsprozeß ihre Kraft, ihre gesunden Knochen eingesetzt, geopfert und eingebüßt haben! Wenn man die unproduktiven Mitmenschen gewaltsam beseitigen darf, dann wehe unseren braven Soldaten, die als schwer Kriegsverletzte, als Krüppel, als Invaliden in die Heimat zurückkehren!

Wenn einmal zugegeben wird, daß Menschen das Recht haben, „unproduktive“ Mitmenschen zu töten – und wenn es jetzt zunächst auch nur arme, wehrlose Geisteskranke trifft – dann ist grundsätzlich der Mord an allen unproduktiven Menschen, also an den unheilbar Kranken, den Invaliden der Arbeit und des Krieges, dann ist der Mord an uns allen, wenn wir alt und altersschwach und damit unproduktiv werden, freigegeben! Dann braucht nur irgendein Geheimerlaß anzuordnen, daß das bei den Geisteskranken erprobte Verfahren auf andere „Unproduktive“ auszudehnen ist, daß es auch bei den unheilbar Lungenkranken, bei den Altersschwachen, bei den Arbeitsinvaliden, bei den schwerkriegsverletzten Soldaten anzuwenden ist! Dann ist keiner von uns seines Lebens mehr sicher.

Hinweis zum Material:

[1] Die zur Tötung Bestimmten wurden durch eine Tarnorganisation, die „Gemeinnützige Krankentransportgesellschaft GmbH“, in eine der sechs Tötungsanlagen, die mit Vergasungsanlagen und Krematorien ausgestattet waren, gebracht.

M 3: Zeitzeugenbericht des Mülheimer Versicherungskaufmanns Chr. St., Jahrgang 1909, über die Verbreitung der Predigten Galens:

Genau so gut oder noch besser predigte damals der Bischof von Münster, der Graf von Galen. Dessen Predigten gingen wie Kettenbriefe rund. Von diesen Predigten hatte ich auch drei. Als ich beim Militär war, bekam ich eine Kur verschrieben, und ich mußte zum Vertrauensarzt, zu Herrn Professor K. in Köln, in der Kamekestraße. Als ich in sein Sprechzimmer kam, hing hinter dem Schreibtisch ein mannshohes Kruzifix. Ich sagte zu dem Professor: „Aber Herr Professor, das ist doch heute nicht mehr zeitgemäß.“ Da sagte er zu mir: „Was geht Sie das an?! Lassen Sie uns zur Sache kommen! Sie haben doch eine Kur beantragt! Ziehen Sie sich mal aus!“ Da hab ich zu ihm gesagt: „Ja, Herr Professor, ich bin von derelben Couleur.[1] Ich habe die drei Predigten des Bischofs von Galen. Sind Sie dran interessiert?“ Da sagte er zu mir: „Wie, die haben Sie?! Können Sie die nicht mal ausleihen, dann würde ich die meinem Freund, einem Staatsanwalt geben.“ Ich bekam es mit der Angst. Ich sagte: „Bah, da haben Sie ein Kreuz hängen, jetzt wollen Sie mich in die Pfanne hauen.“ Da sagte er: „Aber wer spricht denn davon? – Auch mein Freund, der Staatsanwalt, ist von derselben Couleur.“ Da sagte ich zu ihm: „Ja, dann kann ich Ihnen die Predigten ja geben. Sie müssen aber genau dasselbe tun, was ich tun mußte, um die Predigten zu bekommen. Sie müssen die Predigten wenigstens dreimal abschreiben und weitergeben. Und dann möchte ich die Predigten von Ihnen zurück.“ Da sagte der Professor: „Ja, diese Bedingung gehe ich gerne ein. Ich werde auch meinen Freund veranlassen, daß er sie abschreibt und ebenfalls weitergibt.“
Was war das für eine Freude! Und die Kur habe ich auch bekommen, sogar sechs Wochen.

Hinweis zum Material:

[1] Couleur: Anschauung, Ansicht.

Quelle:

M 2: Clemens August Kardinal von Galen, Predigten am 13. Juli 1941, 20. Juli 1941, 3. August 1941, Broschüre o.O. und J., zu beziehen über: Generalvikariat Münster.
M 3: Stadt Köln – Historisches Archiv (Hrsg.), Bearbeiter: *Matzerath, H.*: „...vergessen kann man die Zeit nicht, das ist nicht möglich...“, Kölner erinnern sich an die Jahre 1929–1945, Köln 1985, S. 112 f., gekürzt und umgeschrieben.

Aufgaben:

1. Fasse die Aussagen von Galens (M 2) mit eigenen Worten zusammen!
2. Erläutere anhand von M 3 den Begriff „Kettenbriefe“!

Lernvoraussetzungen:

Wichtige Einzelthemen zum Nationalsozialismus sollten behandelt worden sein:
- die nationalsozialistische Weltanschauung
- die Errichtung der nationalsozialistischen Diktatur
- die „Gleichschaltungen“ (besonders der Medien)
- der Kampf gegen die Kirchen und gegen die Juden.

Leistungserwartungen:

Aufgabe 1: Zusammenfassung der Aussagen der Predigt von Galens mit eigenen Worten:
Galen äußert die Überzeugung, daß geistig Behinderte durch staatliche Stellen umgebracht werden. Auch in Westfalen kämen solche Fälle vor. Man folge dabei der Ansicht, daß „sogenanntes lebensunwertes Leben“ getötet werden dürfe. Der Bischof habe wegen vorsätzlicher Menschentötung Anzeige erstattet, aber noch keine Mitteilung über ein Einschreiten der staatlichen Behörden erhalten. Galen zeigt weiter die Konsequenzen auf, die sich aus der Anwendung des Grundsatzes der Tötung „unproduktiver Menschen“ ergeben: Die Ermordung von Alten, Kranken und Kriegsinvaliden sei möglich.

Aufgabe 2: Unter Kettenbriefen ist hier das mehrmalige Abschreiben und Weitergeben der Predigten mit der Auflage an den, der die Abschriften erhielt, ebenso zu verfahren, zu verstehen.

Hinweise für den Unterricht:

Die Einführung in die Thematik soll durch die Information des Beginns der „Euthanasie-Aktion“ (M 1 per Folie oder als Tafelanschrieb) erfolgen. Gegebenenfalls muß der Begriff „Euthanasie” (Sterbehilfe, griech.: „gutes Sterben“) neu eingeführt werden. Im Unterrichtsgespräch soll die offene Formulierung und weite Auslegbarkeit des Führererlasses erkannt werden. Daran anschließend erläutert der Lehrer, daß im Dritten Reich der Begriff „Euthanasie“ irreführend für die Tötung geistig Behinderter verwendet wurde. Das Programm dieser Lebensvernichtung war die Konsequenz aus dem Gesetz zur Verhütung erbkranken Nachwuchses. Den Schülern wird deutlich, daß sich die Vernichtung gegen jedes Leben richten konnte, das als „lebensunwert“ galt. Insofern ist das „Euthanasie-Programm“ in engem Zusammenhang mit der Vernichtung des Judentums zu sehen.
Nach dieser Einführung wird mittels der zweiten Information von M 1, dem Befehl zur Beendigung der Aktion, die Frage nach den Gründen des Abbruchs aufgeworfen. Der Auszug aus der Predigt von Galens dient der Beantwortung der genannten Frage. Falls M 2 als vorbereitende Hausaufgabe bearbeitet wurde, was zur Entlastung der Stunde empfehlenswert ist, können die Schüler in der Vermutungsphase aufgrund des thematischen Bezuges und der zeitlichen Nähe zum Ende der Aktion auf die Galensche Predigt verweisen. Bei der Auswertung des Materials wird deutlich, daß Gerüchte von dem, was in den Tötungsanstalten geschah, in die Öffentlichkeit drangen und erhebliche Beunruhigung verursachten und daß sich Galens Predigt als öffentlicher Protest gegen die Lebensvernichtung charakterisieren läßt.
Galens Protest stieß auf eine aufnahmebereite Zuhörerschaft, da der Bischof gezeigt hatte, daß jeder Mensch potentiell von der „Euthanasie-Aktion“ betroffen sein konnte. Im Auswertungsgespräch ist weiter zu erläutern, daß das punktuelle Ereignis einer Predigt in einem gleichgeschalteten Staat nicht das Ende der „Euthanasie“ bedeuten konnte. Daran schließt der Zeitzeugenbericht (M 3) zur Verbreitung der Predigten des Bischofs an. Wegen des einfachen Textverständnisses kann die Aufgabe im Unterrichtsgespräch gelöst werden. Am Beispiel der Umstände der Verbreitung systemfeindlicher Nachrichten können Strukturen des totalitären Staates eingeübt werden.
Abschließend ist festzustellen, daß die durch die Predigten – auch anderer Kirchenführer – angestoßene Unruhe und Protestbewegung in Verbindung mit der Kriegssituation zum Abbruch des „Euthanasie-Programms“ führte. Im folgenden ist es möglich, die Haltung der Kirchen gegenüber der Ermordung geistig Behinderter mit ihrer Haltung zur Judenverfolgung zu konfrontieren.

Zusatzmaterial (M 3 – unveränderter Text)

Jenau su jot oder noch besser prädichten domols och dr Bischof vun Münster, dä Jraf von Jalen*. Däm sing Prädichte jinge wie Kettenbreef rund. Von denne Prädichte hat ich och drei. Weil ich achtzehn Daach beim Militär wor und die mich in dä Zick fix und fädich gemaht han, denn ich moht beispielsweise, wenn ich krankjeschrivve wor, om Kasänehoff de avjebrannte Schwäfele söke, kräht ich en Kur verschrivve, und ich moht zom Vertrauensarzt, nohm Herr Professor K. en Kölle, en der Kamekestroß.

Wie ich in däm sih Sprechzimmer kom, hing hinger däm Schreibtisch e mannshu Kruzifix. Ich jläuv, dr Deufel hät mich jejaat, denn ich säht zo däm: „Aber, Herr Professor, das ist doch heute nicht mehr zeitgemäß.“ Do säht dä för mich: „Was geht Sie das an?! Lassen wir zur Sache kommen! Sie haben doch eine Kur beantragt! Ziehen Sie sich mal aus!“ Jo, ich han för dä jesaht: „Jo, Herr Professor, ich ben vun derselve Couleur. Ich han die drei Prädichte vun däm Bischof vun Jalen. Wenn Se dran intresseet sin?“ Do säht dä för mich: „Wie, die haben Sie?! Können Sie die nicht mal ausleihen, dann würde ich die meinem Freund, dem Generalstaatsanwalt, geben.“ Jung, do han ich ävver de Färv jewäßelt. Ich sare: „Bah, da han Se he e Krütz hänge, jetz wolle Se mich en de Pann haue.“ Do säht dä: „Aber wer spricht denn davon? – Auch mein Freund, der Generalstaatsanwalt, ist von derselben Couleur.“ Da sagte ich ihm: „Ja, da kann ich Inne die Prädicht jo jevve. Sie müsse ävver jenau datselve dun, wat ich dun moht, um die Prädicht üvverhaup ze krije. Sie müsse die Prädichte mindestens dreimol abschrieve und wiggerjevve. Un dann möch ich jän die Prädichte von Inne zoröck han.“ Do säht dä Professor: „Ja, diese Bedingung, die geh ich gerne ein. Ich werde auch meinen Freund veranlassen, daß er sie abschreibt und ebenfalls weitergibt.“

Nä, wat wor dat en Freud! Un die Kur han ich kräje, sujar sechs Woche. Do kammer ens sin, wat mer denne Brunge och domols et Levve schwer maache kunnt, ohne dat die eenem am Ware jet dunn kunnte.

* Clemens August Graf von Galen, Bischof von Münster: Predigten vom 13. und 20. Juli sowie vom 3. August 1941.

Literatur:

Klee, E.: „Euthanasie“ im NS-Staat, 2 Bde., Frankfurt a.M. 1985.

Arbeitsmaterial:

M 1: Die Historiker Gotto, Hockerts und Repgen über katholische Kirche und Nationalsozialismus (1980)

„Die katholische Kirche war die wichtigste gesellschaftliche Großgruppe, die im Dritten Reich mit intakten Institutionen und eigenständigem Wertsystem übrig geblieben ist. Der Nationalsozialismus sah deshalb in ihr ein Haupthindernis gegen die Durchsetzung seiner Ziele. Daher legte er es folgerichtig darauf an, die Kirche zu vernichten. Die Reaktion der Kirche auf diesen Angriff bewertete das Regime als Widerstand und zwar als offensiv ausgerichtete, mit aktivem Widerstand vergleichbare Gefolgschaftsverweigerung, nicht nur als defensive Selbstbewahrung.

Die Kirche hingegen hat das, was sie wollte und tat, nicht als aktiven Widerstand betrachtet. Auf den Höhepunkten der Auseinandersetzung hat sie öffentlichen Protest erhoben und hat in die Verteidigung der eigenen Identität die allgemeinen Menschenrechte einbezogen wie in der Enzyklika und in den Galen-Predigten. Im Grunde war sie nicht offensiv, sondern defensiv eingestellt. Sie kämpfte um Selbstbewahrung und trat dem Regime dort entgegen, wo ihre Identität angegriffen wurde. Indem sie um ihren eigenen Freiraum kämpfte, nicht ohne Niederlagen, aber auch nicht erfolglos, setzte sie der nationalsozialistischen Herrschaft Grenzen. Vor allem darin lag ihr Widerstand."

M 2: Auszüge aus einem Hirtenbrief des Bischofs von Berlin, Konrad Graf von Preysing, vom 13. Dezember 1942

„...Recht ist das, was den das Gemeinschaftsleben ordnenden unwandelbaren Grundsätzen entspricht, die Gott in die Herzen der Menschen geschrieben hat. Ein solcher Grundsatz ist: „Was ihr wollt, das euch die Menschen tun, das sollt ihr ihnen tun". Ein solcher Grundsatz ist, daß das Leben der unschuldigen Einzelperson, ob des ungeborenen Kindes, ob des altersschwachen Greises, heilig ist, und daß nicht Unschuldige mit Schuldigen oder an Stelle Schuldiger bestraft werden dürfen. Einen Menschen zu töten, ist nur erlaubt zur Bestrafung der Verbrechen durch die Obrigkeit, zur Verteidigung des Vaterlandes oder in gerechter Notwehr...

Der einzelne kann und darf nicht völlig aufgehen im Staate oder im Volke oder in der Rasse. Er, wer immer es sei, hat seine unsterbliche Seele, sein ewiges Schicksal. Er ist und bleibt für sich und jede seiner Taten verantwortlich. Gott hat ihm die Freiheit gegeben, und diese Freiheit muß ihm bleiben... Das eine ist und bleibt sicher, daß keine Macht der Erde es unternehmen darf, einen Menschen zu Äußerungen oder Handlungen zu zwingen, die gegen sein Gewissen, die gegen die Wahrheit wären...

Wie die letzten Grundsätze des Rechtes nicht zeitbedingt sind, nicht Ausfluß völkischer Eigenart sein können, so kann das Recht und die Inanspruchnahme von Rechten und die Ausübung solcher Rechte auch nicht das Vorrecht eines einzelnen Volkes sein. Wer immer Menschenantlitz trägt, hat Rechte, die ihm keine irdische Gewalt nehmen darf... Wir müssen uns klar darüber bleiben, daß ein Versagen solcher Rechte oder gar ein grausames Vorgehen gegen unsere Mitmenschen ein Unrecht am fremden, aber auch am eigenen Volke ist..."

Quelle:

M 1: *Gotto, K., Hockerts, H.G., Repgen, K.*: Nationalsozialistische Herausforderung und kirchliche Antwort, Eine Bilanz, in: *Gotto, K., Repgen, K.* (Hrsg.): Kirche, Katholiken und Nationalsozialismus, Matthias-Grünewald-Verlag, Mainz 1980, S. 117.
M 2: *Klausener, E.*: Zum Widerstand der Katholiken im Dritten Reich, Beiträge zum Thema Widerstand, Heft 22, hrsg. v. der Gedenkstätte Deutscher Widerstand, Berlin 1983, S. 19–24.

Aufgaben:

1. Erarbeite aus dem Text (M 1) das Verhältnis von katholischer Kirche und Nationalsozialismus!
2. Erkläre die im Text (M 1) angesprochenen Begriffe „Enzyklika und Galen-Predigten"!
3. Zeige, gegen welche Maßnahmen des NS-Staates sich Bischof Preysing in seinem Hirtenbrief (M 2) wendet!
4. Beurteile, ob der Hirtenbrief dem Urteil der Historiker (M 1) entspricht!

Lernvoraussetzungen:

Die Arbeit kann von Schülern bearbeitet werden, ohne daß das Thema katholische Kirche und Nationalsozialismus sehr eingehend behandelt wurde. Zumindest im Überblick sollte die Entwicklung des Verhältnisses aber bekannt sein. Begriffe wie Reichskonkordat, Enzyklika und Galen-Predigten sollten erklärt werden können. Zum Verständnis des Hirtenbriefs sollten die Schüler Grundzüge der nationalsozialistischen Rechtsauffassung kennen und den Bezug zur Euthanasie und Judenverfolgung herstellen können.

Leistungserwartungen:

Aufgabe 1: Die Historiker betrachten das Verhältnis von Nationalsozialismus und katholischer Kirche aus der Perspektive beider Seiten. Nach Aussage des Textes empfanden beide Seiten ihr Verhältnis als Gegnerschaft. Als offensive, aggressive Seite betrachten Gotto, Repgen und Hockerts in dieser Auseinandersetzung den Nationalsozialismus, der auf die Kirche als wichtigste intakte Großinstitution abzielte, weil diese sich dem Totalitätsanspruch des Regimes versagte. Die Kirche wird im Text als defensive Seite charakterisiert, die zwar in entscheidenden Phasen der Auseinandersetzung den öffentlichen Protest suchte, sich aber grundsätzlich auf die Verteidigung ihres eigenen Freiraums und ihrer Identität beschränkte.

Aufgabe 2: Die Enzyklika „Mit brennender Sorge“ vom 14. März 1937 ist das bekannteste päpstliche Dokument in der Auseinandersetzung mit dem Nationalsozialismus. In der Enzyklika stellt Papst Pius XI. den Kirchenkampf aus katholischer Sicht dar. Er greift die nationalsozialistische Ideologie scharf an und verurteilt den Rassismus als Verkehrung der göttlichen Weltordnung. Der Papst betont die unveräußerlichen Rechte des Individuums und ermutigt die Priester, Ordensleute und Laien in ihrer Abwehrhaltung gegenüber dem Nationalsozialismus.
Mit den „Galen-Predigten“ ist der 1941 von der Kanzel vorgetragene Protest des Bischofs von Münster, Clemens August Graf von Galen, gegen die Euthanasie und die Verletzung des Reichskonkordats gemeint. Von der NS-Presse totgeschwiegen, wurden die Predigten illegal weiterverbreitet und erreichten in ganz Europa Bekanntheit. Der „Löwe von Münster“ wird für viele zum Symbol des Widerstands. Seine Popularität schützt ihn vor Angriffen des Regimes.

Aufgabe 3: Bischof Graf Preysing, einer der aktivsten Gegner des Nationalsozialismus im deutschen Episkopat, äußert sich in seinem Hirtenbrief, der in allen nord- und westdeutschen Diözesen verlesen wurde, zu den Grundsätzen des Rechts. Auf dem Höhepunkt der Schlacht von Stalingrad fordert der Bischof die Achtung der vom göttlichen Recht gesetzten Grenzen. Er tritt ein für die Würde und Unantastbarkeit des Menschen, für die Achtung der Gewissensentscheidung und den Schutz menschlichen Lebens. Er wendet sich gegen die nationalsozialistische Rechtsauffassung, durch die er Volk und Rasse verabsolutiert sieht. Auch wenn Judenverfolgung, Euthanasie oder Kriegsverbrechen nicht namentlich genannt werden, so ist die Zielrichtung des Hirtenwortes doch unverkennbar und für die Zeitgenossen unmißverständlich. Der Hirtenbrief wird auch über den Sender der BBC London verbreitet und in voller Länge im amerikanischen Repräsentantenhaus verlesen.

Aufgabe 4: Bei der Beurteilung sollte deutlich werden, daß der Hirtenbrief sicher defensiven Charakter hat, insofern er Angriffe auf die Grundprinzipien des Menschen- und Völkerrechts abzuwehren sucht. Der Hirtenbrief geht dabei aber über die „Selbstbewahrung“ und die Verteidigung des „eigenen Freiraums“ hinaus. Bischof Preysing tritt für jeden Menschen und für alle Völker ein, er verurteilt alle Verbrechen gegen die Menschlichkeit.
Auch wenn diese Art der Gegnerschaft zum Nationalsozialismus kein Widerstand im Sinne einer aktiven Vorbereitung des Umsturzes ist, so wird sie doch vom NS-Regime als gefährlicher Angriff verstanden. Anfang Februar 1943 werden 13 Priester aus Preysings Bistum verhaftet und unter Vorwänden verurteilt. Vier von ihnen werden hingerichtet, drei sterben während der Haft.

Bewertungsvorschlag:

Aufgabe	Anteil an der Gesamtzensur
1	30 %
2	20 %
3	30 %
4	20 %

Literatur:

Bracher, K.D., Funke M., Jacobsen H.-A. (Hrsg.): Nationalsozialistische Diktatur 1933–1945, Eine Bilanz, Schriftenreihe der Bundeszentrale für politische Bildung Bd. 192, Bonn 1983.
Bacher, K.D., Funke, M., Jacobsen, H.-A. (Hrsg.): Deutschland 1933–1945, Neue Studien zur nationalsozialistischen Herrschaft, Schriftenreihe der Bundeszentrale für politische Bildung Bd. 314, Bonn [2]1993.
Denzler, G.: Widerstand oder Anpassung?, Katholische Kirche und Drittes Reich, München 1984.
Gotto, K., Repgen, K. (Hrsg.): Kirche, Katholiken und Nationalsozialismus, Mainz [3]1990.
Klausener, E.: Zum Widerstand der Katholiken im Dritten Reich, Beiträge zum Thema Widerstand, Heft 22, hrsg. v. der Gedenkstätte Deutscher Widerstand, Berlin 1983.

Aufgaben:

1. Erläutere folgende Begriffe:
   - Führerprinzip
   - Münchener Abkommen
   - Pogrom
   - Nürnberger Gesetze
   - Lebensraumpolitik
   - Kirchenkampf

2. Ergänze die Daten:
   - „Anschluß" Österreichs
   - Hitler-Stalin-Pakt
   - Angriff auf Polen
   - Tag von Potsdam
   - Ernennung Hitlers zum Reichskanzler

3. a) Fasse den Inhalt des Textes in eigenen Worten zusammen.
   b) Ordne den Text historisch ein.

„Jetzt wird die ganze Welt über uns herfallen und uns beschimpfen. Aber ich bin nach wie vor der felsenfesten Überzeugung, daß wir recht gehandelt haben. Ich halte Hitler nicht nur für den Erzfeind Deutschlands, sondern auch für den Erzfeind der Welt. ... Wenn einst Gott Abraham verheißen hat, er werde Sodom nicht verderben, wenn auch nur zehn Gerechte darin seien, so hoffe ich, daß Gott auch Deutschland um unsertwillen nicht vernichten wird. Niemand kann über seinen Tod Klage führen... Der sittliche Wert eines Menschen beginnt erst dort, wo er bereit ist, für seine Überzeugung sein Leben hinzugeben."

Lernvoraussetzungen:

Die Arbeit steht am Ende einer Unterrichtsreihe zum Thema „Nationalsozialistische Diktatur“. Die Schülerinnen und Schüler müssen über Kenntnisse zu folgenden Themen verfügen:

- Nationalsozialistische Machtergreifung;
- Nationalsozialistische Herrschaft;
- Nationalsozialistische Außenpolitik;
- Judenverfolgung und -ausrottung;
- Kirchenkampf;
- Widerstand im Nationalsozialismus.

Leistungserwartungen:

Aufgabe 1: Führerprinzip: Das Führerprinzip war im nationalsozialistischen Deutschland das alles beherrschende Organisationsprinzip des öffentlichen Lebens. Der Führer an der Spitze von Staat und Partei setzt die Spitzenfunktionäre ein, dann diese die Unterführer etc. Dem Führer, der über uneingeschränkte Autorität verfügt, ist blinder Gehorsam zu leisten.

Münchener Abkommen: Am 29.8.1938 unterzeichneten Großbritannien, Frankreich, Italien und Deutschland diesen Vertrag, in dem die sofortige Abtretung des Sudetenlandes von der Tschechoslowakei an Deutschland festgelegt wurde.

Pogrom: Der Begriff stammt aus dem Russischen und bezeichnet Hetze und Ausschreitungen gegen nationale, religiöse und rassische Gruppen. Im Nationalsozialismus umfaßt er alle Maßnahmen der Judenverfolgung und -ausrottung.

Nürnberger Gesetze: Mit den Nürnberger Gesetzen von 1935 wurden die jüdischen Deutschen zu „Staatsangehörigen minderen Rechts“ herabgestuft. Ehen zwischen Juden und Deutschen wurden beispielsweise verboten.

Lebensraumpolitik:
Schlagwort der nationalsozialistischen Propaganda, die die Schaffung von „Lebensraum im Osten“ forderte, um den Nahrungs- und Rohstoffbedarf des Volkes zu sichern. Die Unterwerfung und Ausrottung ganzer Völker wurde mit diesem Begriff legitimiert.

Kirchenkampf:
Da der nationalsozialistische Staat den Menschen ganz erfassen und den nationalsozialistischen Menschen schaffen wollte, kam es zum Zusammenstoß mit den christlichen Kirchen, da sich Nationalsozialismus und Christentum ausschließen.

Aufgabe 2:

	„Anschluß“ Österreichs	13.3.1938
	Hitler-Stalin-Pakt	23.8.1939
	Angriff auf Polen	1.9.1939
	Tag von Potsdam	21.3.1933
	Hitler Reichskanzler	31.1.1933

Aufgabe 3 a: Hitler ist der Erzfeind der Welt, und der Kampf gegen ihn war richtig. Da es im nationalsozialistischen Deutschland auch Menschen gab, die sich gegen Hitler und seine Politik auflehnten, ist zu hoffen, daß Deutschland von seinen Gegnern nicht vernichtet wird. Der Widerstandskämpfer muß bereit sein, für seine Überzeugung sein Leben hinzugeben.

Aufgabe 3 b: Der Text ist von einem Widerstandskämpfer gegen Hitler und den Nationalsozialismus geschrieben, der sich im Gefängnis befindet und zum Tode verurteilt ist. Er ist von der Rechtmäßigkeit seines Handelns überzeugt und bereit, für seine Überzeugung zu sterben. Er ist gläubiger Christ. Die Schüler könnten diesen Text einem Widerstandskämpfer des 20. Juli 1944 zuordnen.

Bewertungsvorschlag:

Aufgabe	Anteil an der Gesamtzensur
1	30 %
2	20 %
3	50 %

Literatur:

Bracher, K.D., Funke, M., Jacobsen, H.-A. (Hrsg.): Deutschland 1933 –1945, Neue Studien zur nationalsozialistischen Herrschaft. Schriftenreihe der Bundeszentrale für politische Bildung Bd. 314, Bonn ^{2}1993.
Benz, W.: Die Juden in Deutschland 1933 –1945, Leben unter nationalsozialistischer Herrschaft, München 1988.

Arbeitsmaterial:

Das im Jahre 1166 im Auftrag Heinrichs des Löwen errichtete Standbild eines bronzenen Löwen fand auch Eingang in deutsche Schulbücher für den Geschichtsunterricht. Zu diesem Denkmal wird dort formuliert:

in den Jahren 1920–1930:
Heinrich wird verbannt, sein Besitz aufgeteilt, er selber behält nur sein Stammland Braunschweig-Lüneburg,

- „in dessen Hauptstadt noch heute vor seiner Burg Dankwarderode der eherne Löwe steht, den er errichten ließ“;
- „als Wahrzeichen der Herrschaft des Welfen“;
- als „Zeichen seines Mutes“ und „das stolze Sinnbild seiner Macht“.

im Jahre 1938:

- „Noch heute ist in Braunschweig das Erzbild eines sprungbereiten Löwen zu sehen, das er dort aufrichten ließ.“ (1)
- „Vor der Burg Dankwarderode in Braunschweig erhebt sich noch heute der eherne Löwe, den er hat errichten lassen. Unverwandt schaut das königliche Tier ostwärts nach den weiten Landen hin, die Heinrich dem Deutschtum zurückgewonnen hat.“ (2)

in den Jahren 1940–1941:

Nach Ostland wollen wir reiten: Heinrich der Löwe

1.

Zu Braunschweig, im Hofe der alten Burg Dankwarderode, ragt auf hohem Steinsockel ein eherner Löwe. Sprungbereit, mit stolz erhobenem Haupte steht er da, den Blick ostwärts gewandt. Sein Rachen ist weit aufgesperrt zu drohendem Gebrüll, als wolle er jeden warnen: „Komm mir nicht zu nahe!“

- „Vor der Burg Dankwarderode in Braunschweig steht ein bronzener Löwe. Zum Absprung gestrafft ist sein ganzer Körper. Die Pranken sind fest in den Boden gekrallt. Der riesige Löwe vor der Burg Dankwarderode ist das rechte Sinnbild für den Sachsenherzog Heinrich, für diesen Mann von Härte, Trotz und Mut, der als Vorposten der Deutschen die Wacht im Osten hielt.“ (4)

im Jahre 1942 und 1943:

- „Vor seinem Schloß in Braunschweig ließ er ein Denkmal bauen, auf dem stand ein Löwe.“ (5)
- „Dort lebt sein Andenken lebendig fort, und in Braunschweig erinnert das Denkmal des Löwen, der nach Osten schaut, an den Herzog, der aus eigener Macht die östlichen Gebiete dem Deutschtum zurückeroberte.“ (6)

Quelle:

(1) *Hunger, K.* und *Stoll, M.*: Deutsche Geschichte, Bd. 2: Von der Gründung des Ersten Reiches bis zum Westfälischen Frieden, Bamberg, München, Berlin 1938, S. 30.
(2) *Schiefer, W.*: Deutsche Geschichte, Teil 2: Von 900 bis 1648, Verlag Moritz Diesterweg, Frankfurt a.M. 1938, S. 96.
(3) Mit freundlicher Genehmigung des Verlages entnommen aus: *Edelmann, M.*: Volkwerden der Deutschen, Klasse 1 © 1940 B.G. Teubner Leipzig.
(4) Volk und Führer. Ausgabe für deutsche Oberschulen, Klasse 1: Erzählungen zur deutschen Geschichte, Verlag Moritz Diesterweg, Frankfurt a.M. 1941, S. 148.
(5) Geschichte des deutschen Volkes. Hrsg. von *Melzer, P., Jungblut, K.*, Schroedel Schulbuchverlag, Hannover 1942, S. 49.
(6) *Lüpke, R.*: Deutsche Geschichte. Verlag Ferdinand Hirt, CH-Zug 1942, S. 38.

Aufgaben:

1. Vergleiche die Textaussagen und kennzeichne die Unterschiede.
2. Interpretiere diese Unterschiede.

Lernvoraussetzungen:

Im Jahre 1166 ließ Heinrich der Löwe in Braunschweig das Standbild eines bronzenen Löwen errichten. Dieses Denkmal hat, wie nicht zuletzt die 1995 in Braunschweig durchgeführte Ausstellung „Heinrich der Löwe und seine Zeit" zeigte, zentrale Bedeutung für die Erinnerung an den Sachsenherzog erlangt. Auch in deutsche Schulbücher zur Geschichte hat das Löwenstandbild – sowohl verbal als auch visuell – Eingang gefunden. Der hier vorliegende Textvergleich zielt ab auf die Aufdeckung der propagandistischen Nutzung und Umwertung dieses Denkmals in der Zeit des Nationalsozialismus in Deutschland.

Die Schülerinnen und Schüler sollten vertraut sein mit:
- dem Leben und Wirken Heinrichs des Löwen, vor allem mit seiner Ostkolonisation;
- der Kontroverse „Italienpolitik" versus „Ostpolitik" mittelalterlicher Herrscher;
- Ideologie, vor allem „Lebensraumtheorie", und Wirklichkeit des Nationalsozialismus;
- Außenpolitik des Nationalsozialismus und II. Weltkrieg.

Leistungserwartungen:

Aufgabe 1: In den Schulbuchtexten der Jahre 1920 bis 1930 steht das Standbild des Löwen als Denkmal stellvertretend für die Person Heinrichs des Löwen und symbolisiert dessen Tugenden bzw. hervorragendsten Eigenschaften wie Mut, Stolz, Macht, Persönlichkeit, Kraft.
Im Jahre 1938 ist eine Erweiterung in der Kommentierung des Löwenstandbildes festzustellen: Der Löwe ist „sprungbereit", er „schaut ostwärts nach den weiten Landen hin, die Heinrich dem Deutschtum zurückgewonnen hat".
In den Jahren 1940/41 wird aus dem Löwen, der vorher nach Osten schaute, das lebendige, drohende, königliche Raubtier. Das Tier wirkt drohend und aggressiv, in Körper- und Kopfhaltung überlegen: „mit stolz erhobenem Haupte", „den Rachen weit aufgesperrt zu drohendem Gebrüll". Die Körperhaltung zeigt, daß er zum Angriff bereit ist: „Zum Absprung gestrafft ist sein ganzer Körper", „die Pranken sind fest in den Boden gekrallt".
In den Jahren 1942 und 1943 tritt eine erneute Wende in der Textaussage zum Löwendenkmal ein. War der Löwe bislang ein imposantes und gefährliches Raubtier, vor dem man sich in acht nehmen sollte, fallen diese Attribute nun weg. Er ist nicht mehr das königliche Raubtier, sondern wieder schlicht der eherne Löwe. Er ragt auch nicht mehr „auf hohem Steinsockel empor", sondern steht als Denkmal in Braunschweig. Auch der Radius dieses Denkmals wird auf Braunschweig-Lüneburg, Heinrichs Stammlande, begrenzt: „Dort lebt sein Andenken lebendig fort".

Aufgabe 2: Die Textaussage in den Jahren 1920 bis 1930 ist gebunden an das traditionelle Verständnis eines Denkmals. Das Standbild wird gesehen als Erinnerungsstück, als Denkmal an die herausragende Persönlichkeit Heinrichs des Löwen.
Nach der Machtübernahme der Nationalsozialisten 1933 wird Heinrich der Löwe zu einer nationalen Heldengestalt. In ihrem rassistisch-deterministischen Geschichtsbild gewinnt Heinrich einen überragenden Stellenwert, hatte er doch der „verfehlten Italienpolitik" Barbarossas seine „Ostkolonisation" entgegengesetzt. Zudem gilt „der Niedersachse" als „typischer Vertreter des rassisch reinsten deutschen Stammes".
Schon 1938 steht nicht mehr die Persönlichkeit Heinrichs im Vordergrund, sondern sein Verdienst für das deutsche Volk. Der Löwe steht als Symbol für die Politik des Dritten Reiches, „Lebensraum im Osten zu gewinnen". Der Blick des Löwen nach Osten ist von symbolhafter Bedeutung, und es wird interpretiert, was dort im Osten liegt, „die weiten Lande, die Heinrich dem Deutschtum zurückgewonnen hat". Die Nationalsozialisten knüpfen propagandistisch an diese Politik Heinrichs des Löwen an. In den Jahren 1940/41 wird durch die dem Löwen zugeordneten Charakteristika, durch die Imposanz des Denkmals und die ernstzunehmende Gefährlichkeit des Löwen die aggressive Außenpolitik des Reiches unterstrichen. Nach dem Überfall auf Polen 1939 ist Nazi-Deutschland das imposante und gefährliche Raubtier, vor dem man sich in acht nehmen sollte.
1942 wird das Standbild wieder als Denkmal klassifiziert. Als Denkmal für etwas Vergangenes erinnert der Löwe wie vor 1938 an die Person und das Wirken Heinrichs des Löwen. Der Löwe ist wieder an die Person Heinrichs gebunden, ein Bezug zur Gegenwart wird kaum noch deutlich. Diese zurückhaltende, unpolitische Interpretation des Löwenstandbildes hängt zusammen mit der politischen Lage des Nazi-Reiches in den Jahren 1941/42. Im Juni 1941 hatte das „Unternehmen Barbarossa", der deutsche Überfall auf die Sowjetunion, begonnen. Mit der Erweiterung der Expansionspläne des Dritten Reiches über die „nationale Ostpolitik" hinaus mit dem Ziel eines Weltreiches vollzieht sich eine entsprechende Umwertung Heinrichs des Löwen bzw. seines Kontrahenten Friedrich Barbarossa. Die (Welt-) Reichspolitik Barbarossas wird nun propagandistisch aufgewertet und die „nationale" Politik Heinrichs dementsprechend relativiert. Friedrich Barbarossa wird nun eindeutig zur ideologischen Zentralfigur der nationalsozialistischen Weltmachtpolitik. Die völlige Abkehr von Heinrich dem Löwen läßt sich aus der geringschätzigen Bemerkung Hitlers vom 26. Juli 1942 schließen, in der er Heinrich als „Kleinsiedler" bezeichnete, der mit seiner Ostexpansion nur seine Hausmacht habe stärken wollen.

Zusammenfassend läßt sich anhand der Textaussagen feststellen, wie die Nationalsozialisten dieses Löwendenkmal zur Durchsetzung ihrer Interessen und zur Unterstreichung ihrer Ziele propagandistisch genutzt haben. Der von ihnen diesem Denkmal zugeschriebene symbolische Gehalt und seine ideologische Indienstnahme wurde adäquat zur jeweils aktuellen politischen Lage des Reichs formuliert und im Bedarfsfalle bedenkenlos abgeändert.

Bewertungsvorschlag:

Aufgabe	Anteil an der Gesamtzensur
1	40 %
2	60 %

Literatur:

Luckhardt, J. und *Niehoff, F.* (Hrsg.): Heinrich der Löwe und seine Zeit: Herrschaft und Repräsentation der Welfen 1125 bis 1235. Katalog der Ausstellung Braunschweig 1995. München 1995.
Schulbibliothek des Georg-Eckert-Instituts für internationale Schulbuchforschung in Braunschweig.

Arbeitsmaterialien:

M 1: Deutschland und Polen 1945

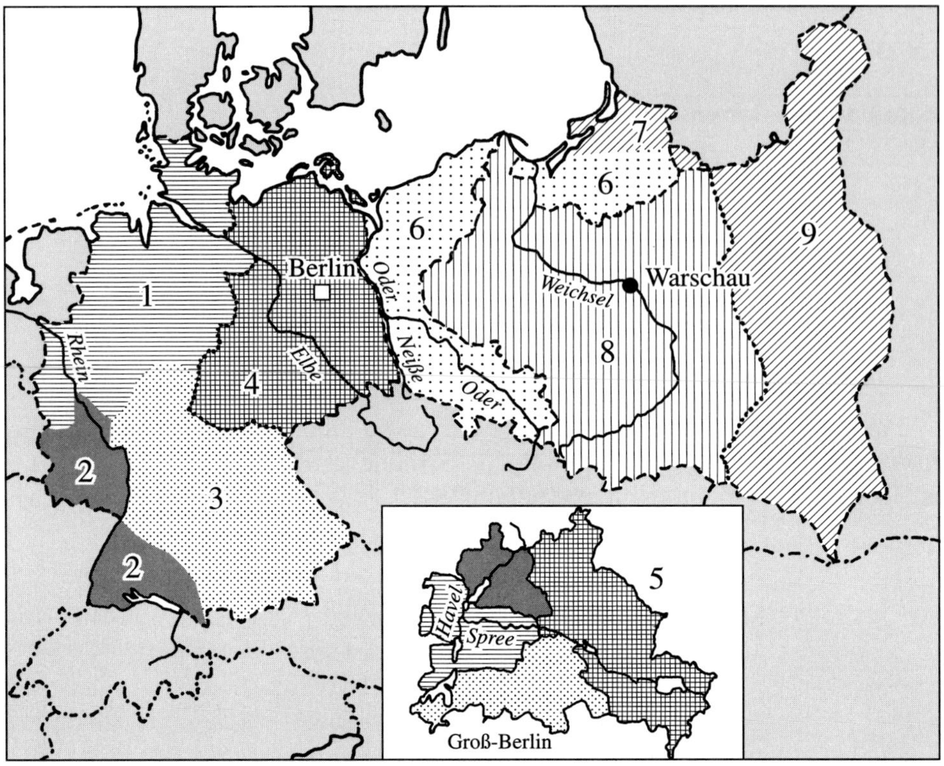

M 2: Auszug aus dem Protokoll der zweiten Sitzung der Potsdamer Konferenz am 18. Juli 1945

Churchill [unterbricht den amerikanischen Außenministers Byrnes beim Verlesen eines Textes über die Vorstellungen der an der Konferenz beteiligten Länder von der Verwaltung Deutschlands]: Was bedeutet „Deutschland" jetzt? Kann man es in dem Sinne verstehen wie vor dem Kriege?
Truman: Wie faßt die sowjetische Delegation diese Frage auf?
Stalin: Deutschland ist das, was es nach dem Kriege wurde. Ein anderes Deutschland gibt es jetzt nicht. So verstehe ich diese Frage.
Truman: Kann man von Deutschland sprechen, wie es 1937, vor dem Kriege, war?
Stalin: So wie es 1945 ist.
Truman: Es hat 1945 alles eingebüßt. Deutschland existiert jetzt faktisch nicht.
Stalin: Deutschland ist, wie man bei uns sagt, ein geographischer Begriff. Wollen wir es vorläufig so auffassen! Man darf nicht von den Ergebnissen des Krieges abstrahieren.
Truman: Ja, aber es muß doch irgendeine Definition des Begriffes „Deutschland" erfolgen. Ich meine, das Deutschland von 1886 oder 1937 ist nicht dasselbe wie das Deutschland von heute, 1945.
Stalin: Es hat sich infolge des Krieges verändert, und so fassen wir es auf.
Truman: Ich bin damit völlig einverstanden, aber es muß trotzdem eine gewisse Definition des Begriffes „Deutschland" erfolgen...
Stalin: Lassen Sie uns die Westgrenze Polens festlegen, und dann wird die deutsche Frage klarer werden. Es ist für mich sehr schwierig auszudrücken, was jetzt unter Deutschland zu verstehen ist. Das ist ein Land, das keine Regierung, das keine fixierten Grenzen hat, weil die Grenzen nicht von unseren Truppen festgelegt werden. Deutschland hat überhaupt keine Truppen, Grenztruppen eingeschlossen, es ist in Besatzungszonen zerteilt. Und nun definieren Sie, was Deutschland ist! Es ist ein zerschlagenes Land.
Truman: Vielleicht nehmen wir die Grenzen von 1937 zum Ausgangspunkt?
Stalin: Ausgehen kann man von überall. Von irgend etwas muß man ausgehen. In diesem Sinne kann man auch das Jahr 1937 nehmen. [Churchill stimmte ebenfalls zu.]

M 3: Karikatur vom 11.4.1945. Der Titel lautet: „Entwurf für ein Siegerdenkmal“

Hinweis zum Material:

Die abgebildeten Personen sind von links: Stalin, Roosevelt und Churchill.

Quelle:

M 1: Karte übernommen aus: *Wilms, E.* (Hrsg.): Die Deutsche Frage seit 1945, Themen und Probleme der Geschichte, Arbeits- und Quellenhefte für die Kollegstufe, Cornelsen Verlag, vorm. Hirschgraben Verlag, Frankfurt a.M. 1986, S. 18.
M 2: *Michaelis, H./Schraepler, E.* (Hrsg.): Ursachen und Folgen, Vom deutschen Zusammenbruch 1918 und 1945 bis zur staatlichen Neuordnung Deutschlands in der Gegenwart, Dokumenten-Verlag Dr. Herbert Wendler KG Berlin, o.J., Band 23, S. 428 f.
M 3: © Karikatur aus der Schweizer Illustrierten Zeitung vom 11.4.1945, abgedruckt in: *Marienfeld, W.*: Die Geschichte des Deutschlandproblems im Spiegel der politischen Karikatur, hrsg. von der Niedersächsischen Landeszentrale für politische Bildung, 2. erweiterte Auflage, Hannover 1991, S. 20.

Augaben:

1. Definiere den Begriff „Kalter Krieg“!
2. Benenne die numerierten Gebiete (M 1)!
3.1 Erläutere anhand von M 2 die Situation Deutschlands!
3.2 Erkläre kurz, wie es zu dieser Situation gekommen ist!
3.3 Erarbeite aus M 2 die Absicht Stalins!
4.1 Nenne die großen „D“ des „Potsdamer Protokolls“!
4.2 Gib die Bestimmungen des „Potsdamer Protokolls“ zur polnischen Westgrenze knapp wieder!
5. Bestimme die Aussage der Karikatur (M 3), und beurteile, ob die Karikatur auf die Ergebnisse der Potsdamer Konferenz angewendet werden kann!

Lernvoraussetzungen

- der Verlauf des Zweiten Weltkriegs in Grundzügen einschließlich der bedingungslosen Kapitulation Deutschlands;
- territoriale Veränderungen im Zusammenhang mit dem Kriegsende: die Teilung Deutschlands in Besatzungszonen und die Ausdehnung des sowjetischen Machtbereiches;
- die Ergebnisse der Potsdamer Konferenz;
- die gegensätzlichen politischen und wirtschaftlichen Ziele und Systeme der westlichen Siegermächte und der UdSSR;
- der Beginn des „Kalten Krieges".

Leistungserwartungen:

Aufgabe 1: „Kalter Krieg": Politische, wirtschaftliche und propagandistische, aber keine militärische Auseinandersetzung zwischen Staaten oder Staatengruppen. Der Begriff bezeichnet zunächst den Ost-West-Konflikt der Siegermächte nach dem Zweiten Weltkrieg.

Aufgabe
1 • Britische Besatzungszone
2 • Französische Besatzungszone
3 • Amerikanische Besatzungszone
4 • Sowjetische Besatzungszone
5 • Viermächtebesatzung Groß-Berlins
6 • ehemalige deutsche Gebiete (südliches Ostpreußen, Pommern, Ostbrandenburg, Schlesien), unter polnische Verwaltung gestellt
7 • ehemaliges deutsches Gebiet (nördliches Ostpreußen), an die UdSSR übergeben
8 • Polen 1945
9 • ehemaliges Ostpolen, von Polen an die UdSSR abgetreten

Aufgabe 3.1: Deutschland ist auf der Potsdamer Konferenz ein Objekt, über dessen Existenz verhandelt wird (z.B.: Truman: „Deutschland existiert jetzt faktisch nicht.", Stalin: „Es ist für mich sehr schwierig auszudrücken, was jetzt unter Deutschland zu verstehen ist."). Kennzeichnend ist auch seine Machtlosigkeit. In dem Gespräch zwischen Stalin und Truman zeigt sich bereits, daß Deutschland Bestand der Ost-West-Auseinandersetzung ist.

Aufgabe 3.2: Ursache der Situation Deutschlands in der Mitte des Jahres 1945 sind die Ergebnisse des Zweiten Weltkrieges, der totale Zusammenbruch Deutschlands und die bedingungslose Kapitulation gegenüber den Alliierten. Die Zukunft Deutschlands hing damit von den Entscheidungen der Sieger ab.

Aufgabe 3.3: Stalin legt Wert darauf, daß bei der Neufestlegung des deutschen Gebietes die Ergebnisse des Krieges berücksichtigt werden (u.a. „Deutschland ist das, was es nach dem Kriege wurde", „So wie es 1945 ist."). Er will dementsprechend den gewonnenen sowjetischen Machtbereich dauerhaft sichern. Eine zentrale Rolle spielt dabei für ihn die Westverschiebung Polens („Lassen Sie uns die Westgrenze Polens festlegen"). Die durch den Hitler-Stalin-Pakt von 1939 gewonnenen ostpolnischen Gebiete sollen Staatsgebiet der UdSSR bleiben.

Aufgabe 4.1: Folgende große „D" des „Potsdamer Protokolls" sind zu nennen:
- Demilitarisierung
- Denazifizierung
- Demokratisierung
- Dezentralisierung und evtl.
- Demontage.

Aufgabe 4.2: Vorbehaltlich der Bestimmung, „daß die endgültige Festlegung der Westgrenze Polens bis zu der Friedenskonferenz zurückgestellt werden soll", kamen die Siegermächte überein, daß die Westgrenze Polens ausgehend von der Ostsee entlang der Oder und der westlichen Neiße bis zur tschechoslowakischen Grenze verlaufen soll.

Aufgabe 5: Der Karikaturist macht darauf aufmerksam, daß die Waffenbrüderschaft der Siegermächte – UdSSR, USA und Großbritannien – nur als Anti-Hitler-Koalition Bestand hatte. Als der gemeinsame Kriegsgegner besiegt war, traten die ideologischen Gegensätze zwischen westlichen Demokratien bzw. marktwirtschaftlichem System und dem Sozialismus andererseits hervor.
Die Frage, ob die Karikatur die Ergebnisse der Potsdamer Konferenz zutreffend beschreibt, verlangt eine differenzierte Antwort. Einerseits nämlich einigten sich Stalin, Truman und Attlee auf gemeinsame Grundsätze einer Nachkriegsordnung für Deutschland (die großen „D"). Weiter sollte Deutschland wirtschaftlich als Einheit betrachtet werden, und ein Alliierter Kontrollrat sollte in allen Deutschland als Ganzes betreffenden Fragen entscheiden.
Andererseits muß herausgestellt werden, daß das „Potsdamer Protokoll" viele dehnbare Formulierungen enthielt. So unterblieb eine inhaltliche Festlegung des Prinzips der Demokratisierung wegen unüberbrückbarer Differenzen. Da der Oberkommandierende jeder Besatzungsmacht in seiner Zone die höchste Regierungsgewalt ausübte, wurde der Wille zur Einheit zwar deklariert, aber politisch nicht eingehalten. Die wirtschaftliche Einheit scheiterte an der Regelung, daß die Besatzungsmächte berechtigt waren, ihre Reparationen aus der eigenen Zone zu befriedigen.
Insofern ist der Abschlußtext ein Formelkompromiß, der die ideologischen Gegensätze nur verdeckte.

Bewertungsvorschlag:

Aufgabe	Anteil an der Gesamtzensur
1	5 %
2	20 %
3	30 %
4	10 %
5	35 %

Literatur:

Benz, W.: Potsdam 1945, Besatzungsherrschaft und Neuaufbau im Vier-Zonen-Deutschland, München 1986.

Arbeitsmaterial:

1. Ergänze die Daten:
   - Vereinigung der englischen und amerikanischen Zone zur Bi-Zone:
   - Truman-Doktrin und Marshall-Plan:
   - Berliner Blockade:
   - Währungsreform:
   - Grundgesetz tritt in Kraft:
   - Koreakrieg:
   - Generalstreik/Aufstand gegen die politische Führung in Ostberlin:

2. Konrad Adenauer:

„Bismarck hat von seinem Alpdruck der Koalitionen gegen Deutschland gesprochen. Ich habe auch meinen Alpdruck: er heißt Potsdam. Die Gefahr einer gemeinsamen Politik der Großmächte zu Lasten Deutschlands besteht seit 1945 und hat auch nach der Gründung der Bundesrepublik weiter bestanden. Die Außenpolitik der Bundesrepublik war von jeher darauf gerichtet, aus dieser Gefahrenzone herauszukommen. Denn Deutschland darf nicht zwischen die Mühlsteine geraten, dann ist es verloren."

Quelle:

Interview mit Ernst Friedländer. In: Bulletin des Presse- und Informationsamtes der Bundesregierung, Bonn 1953, Nr. 109, S. 926 (13.06.1953).

Aufgaben:

2.1. Analysiere aus dem Text die Zielsetzung Adenauerscher Außenpolitik für die Bundesrepublik Deutschland.
2.2. Erkläre, was Adenauer meint, wenn er formuliert: „Ich habe auch meinen Alpdruck: er heißt Potsdam."
2.3. Erkläre an ausgewählten Beispielen, wie Adenauer seine außenpolitischen Zielsetzungen in die Praxis umsetzte.

Lernvoraussetzungen:

Die Schülerinnen und Schüler sollten Kenntnisse haben über
- die alliierten Kriegskonferenzen und die Entscheidungen über das besiegte Deutschland;
- die Entstehung des Ost-West-Konfliktes und den „Kalten Krieg";
- die Entstehung der beiden Staaten in Deutschland;
- die Grundzüge der Außenpolitik der Bundesrepublik Deutschland unter der Regierung Adenauer.

Leistungserwartungen:

Aufgabe 1:	Vereinigung der englischen und amerikanischen Zone zur Bi-Zone:	Januar 1947
	Truman-Doktrin und Marshall-Plan:	März–Juni 1947
	Berliner Blockade:	Juni 1948–Mai 1949
	Währungsreform:	20. Juni 1948
	Grundgesetz tritt in Kraft:	23. Mai 1949
	Koreakrieg:	Juni 1950–Juli 1953
	Generalstreik/Aufstand gegen die politische Führung in Ostberlin:	17. Juni 1953

Aufgabe 2.1: Adenauer erinnert an die Zielsetzung Bismarckscher Außenpolitik, Koalitionen gegen Deutschland zu verhindern. Nach den Erfahrungen der alliierten Kriegskonferenzen, vor allem der Potsdamer Konferenz, ist für ihn oberstes Ziel der Außenpolitik, zu verhindern, daß die Großmächte USA, England, Sowjetunion und Frankreich eine gemeinsame Politik zu Lasten Deutschlands machen. Er fordert eine aktive Bündnispolitik, da ein neutrales Deutschland in Gefahr ist, zwischen den Mühlsteinen der Großmächte zerrieben zu werden.
Als oberste Leitlinie seiner Außenpolitik formuliert er die Wiedergewinnung der vollen Souveränität Deutschlands. Diese soll erreicht werden durch die Westintegration der Bundesrepublik – auch, um gegen vermutete Expansionsbestrebungen des Ostblocks abgesichert zu sein –, durch die Aussöhnung mit Frankreich und durch die Wiedervereinigung Deutschlands, abgesichert durch die Westintegration.

Aufgabe 2.2: Auf der Potsdamer Konferenz (17.07. bis 02.08.1945) verabschiedeten die alliierten Siegermächte ihre deutschlandpolitische Konzeption für das besiegte Deutschland, das bedingungslos kapituliert hatte. Deutschland war den Siegermächten ausgeliefert und geriet „zwischen die Mühlsteine der Politik der Großmächte". Es wurde in Besatzungszonen aufgeteilt, die oberste Gewalt übten die Oberbefehlshaber der Siegermächte aus, die Oder-Neiße-Linie wurde zur Westgrenze Polens bestimmt. Ferner wurden die völlige Abrüstung und Entmilitarisierung (Demobilisierung), die Vernichtung der Nationalsozialistischen Partei und ihrer Gliederungen (Denazifizierung), die lokale Selbstverwaltung nach demokratischen Grundsätzen (Demokratisierung) und die Dezentralisierung der Verwaltung und des Wirtschaftslebens beschlossen. Der entstehende Ost-West-Konflikt verschärfte die Situation Deutschlands; es wurde immer mehr zum Spielball im Interessenkonflikt der Siegermächte.

Aufgabe 2.3: Auch wenn die Handlungsmöglichkeiten der Bundesrepublik Deutschland unter dem Besatzungsstatut gering waren, suchte Adenauer die Nähe der Westalliierten, weil er glaubte, nur durch Wohlverhalten und Anerkennung westlicher Ansprüche sei eine Revision der einschränkenden Statute möglich. Ein erster Erfolg war der Abschluß des „Petersberger Abkommens" am 22.11.1949 . Deutschland wurde zugestanden, an der „Organisation für europäische wirtschaftliche Zusammenarbeit (OEEC) eigenständig teilzunehmen. Es wurde als assoziiertes Mitglied in den Europa-Rat aufgenommen und Mitglied der Ruhrbehörde. Die Verschärfung des Ost-West-Konfliktes, nicht zuletzt infolge des Korea-Krieges, beschleunigte die Westintegration und den Weg der Bundesrepublik in die Souveränität. Die Schülerinnen und Schüler könnten als weitere Stationen nennen:
- den „Deutschlandvertrag" vom 21. Mai 1952;
- die Diskussion um die Wiederbewaffnung und die Europäische Verteidigungsgemeinschaft;
- die Pariser Verträge (23. Oktober 1954): Die Bundesrepublik Deutschland wird Mitglied der WEU und der Nato;
- Erlangung der Souveränität am 5. Mai 1955;
- Unterzeichnung der Römischen Verträge (EWG) am 25. März 1957.

Die Aussöhnung mit Frankreich:
Die Aussöhnung mit dem „Erbfeind Frankreich", die eine Epoche beendete, in der es innerhalb von 70 Jahren dreimal Krieg zwischen Deutschen und Franzosen gegeben hatte, war ein wichtiger Schritt zur politischen Stabilisierung und der sich entwickelnden Integration Europas. Die 1963 in einer symbolträchtigen Zeremonie zwischen Adenauer und de Gaulle besiegelte deutsch-französische Freundschaft ebnete den Weg für eine Verständigung, die sich in den folgenden Jahren verfestigte und die Grundlage für eine gemeinsame Politik zur Schaffung der Europäischen Union bildet.

Bewertungsvorschlag:

Aufgabe	Anteil an der Gesamtzensur
1	30 %
2.1	20 %
2.2	30 %
2.3	20 %

Literatur:

Foschepoth, J. (Hrsg.): Adenauer und die Deutsche Frage. Göttingen 1988.
Schwarz, H.P.: Die Ära Adenauer 1949–1957. Gründerjahre der Republik. Stuttgart/Wiesbaden 1981.

Aufgabe 1:
Analysiere und interpretiere die Karikatur.

„Laß dich nicht anmachen, John!" HANDELSBLATT: Pielert

Quelle:

Pielert, K.: „Laß dich nicht anmachen, John!" Karikatur im Handelsblatt vom 12.11.1991.

Aufgabe 2:

Formuliere Gründe, die für die Schaffung der Europäischen Union sprechen.

Aufgabe 3:

Ergänze die Daten:
Gründung der Europäischen Gemeinschaft für Kohle und Stahl (EGKS):
Gründung der Westeuropäischen Union (WEU):
Römische Verträge zur Gründung der Europäischen Wirtschaftsgemeinschaft (EWG):
Fusion von EGKS, Euratom und EWG zur Europäischen Gemeinschaft (EG):
Vertrag von Maastricht über die Europäische Union:

Lernvoraussetzungen:

Die Schülerinnen und Schüler sollten Kenntnisse haben über:
- die politische Situation in Europa nach Ende des 2. Weltkrieges und das Auseinanderbrechen der Siegerkoalition;
- die Westintegration der Bundesrepublik Deutschland und die deutsch-französische Aussöhnung als Grundlage der Entwicklung zu einem einheitlichen Europa;
- die wichtigsten politischen Stationen auf dem Weg zur Europäischen Union;
- die distanzierte Haltung Großbritanniens zu einer Europäischen Union;
- die Analyse und Interpretation von Karikaturen.

Aufgabe 1: In der rechten Hälfte der Karikatur ist eine Straßenecke mit dem Eingang zu einem Nachtclub zu sehen, der den Namen „EUROCLUB" trägt. Die Tür steht offen. Auf dem Türblatt erkennt man das Bild eines Stieres, der kräftig und stark wirkt und mit kritischem Blick beobachtet, was sich gerade vor der Tür abspielt. Am oberen Rande der Tür sind die Worte „Politische Union" zu lesen.
Vor der Tür versucht der Türsteher, Bundeskanzler Helmut Kohl, einen Gast, den britischen Premierminister John Major, zum Eintritt in den Club zu animieren. Mit der linken Hand weist er auf die offene Tür, mit der rechten versucht er den Gast in den Club zu ziehen. Dies fällt ihm allerdings schwer, da eine Frau den Gast am Arm festhält und zurückreißt. Diese Frau, deren Handtasche die britische Flagge schmückt, ist die ehemalige britische Premierministerin Margaret Thatcher, der der Karikaturist die Worte „Laß dich nicht anmachen, John!" in den Mund legt.
Der Karikaturist Pielert thematisiert und überzeichnet in seinem Werk die führende Rolle Deutschlands und die wankelmütige Haltung Großbritanniens auf dem Weg zur Europäischen Union. Der deutsche Bundeskanzler wird als Motor der europäischen Vereinigungsbewegung dargestellt, der alle Mitgliedsländer fest einbinden will. Der britische Premierminister Major fühlt sich zum europäischen Club und dem starken Stier Europa hingezogen, wird aber „gebremst" durch die ehemalige Premierministerin Thatcher. Der Karikaturist spielt an auf die britische Diskussion über die Europapolitik, die 1991 zu einer scharfen Konfrontation in der Konservativen Partei Großbritanniens führte, und auf die distanzierte Rolle Thatchers zur Europäischen Union.
Das britische Haushaltsproblem erwies sich jahrelang als große Belastung für das zügige Voranschreiten der europäischen Einigung. Als Thatcher 1979 Premierministerin wurde, vertrat sie bei der Verteidigung britischer Interessen einen extrem harten Kurs und schaffte es im Mai 1980, die britischen Zahlungen für die EG zu verringern. Nebenprodukt der aggressiven Kampagne Thatchers war das Wiederaufkommen von Ressentiments gegen die EG innerhalb der Labour Party, auf deren Parteitag von 1980 eine Resolution verabschiedet wurde, die sogar den Austritt Großbritanniens aus der EG forderte. Thatchers Nachfolger im Amt des Premierministers, John Major, versuchte dann trotz Widerstände in der eigenen konservativen Partei, Großbritannien wieder deutlich auf Europakurs zu bringen. Margaret Thatcher blieb aber immer warnende Stimme im Hintergrund.

Aufgabe 2: Die Schülerinnen und Schüler könnten als Gründe anführen:
- finanzielle und organisatorische Vorteile durch ein gemeinsames europäisches Vorgehen gegenüber einem abgeschotteten einzelstaatlichen Handeln;
- größere internationale Wettbewerbsfähigkeit durch die Errichtung eines gemeinsamen europäischen Binnenmarktes;
- Sicherung des Friedens in Europa;
- verbesserte Möglichkeiten zur Lösung grenzüberschreitender Probleme wie Umweltverschmutzung und Drogenschmuggel im Vergleich zu nationalen Lösungen;
- Stärkung der poltitischen Rolle Europas auf der Weltbühne durch eine gemeinsame Außen- und Sicherheitspolitik.

Aufgabe 3: Ergänze die Daten:

Gründung der Europäischen Gemeinschaft für Kohle und Stahl (EGKS):	18. April 1951
Gründung der Westeuropäischen Union (WEU):	23. Oktober 1954
Römische Verträge zur Gründung der Europäischen Wirtschaftsgemeinschaft (EWG):	25. März 1957
Fusion von EGKS, Euratom und EWG zur Europäischen Gemeinschaft (EG):	1. Juli 1967
Vertrag von Maastricht über die Europäische Union:	7. Februar 1992

Bewertungsvorschlag:

Aufgabe	Anteil an der Gesamtzensur
1	60 %
2	20 %
3	20 %

Literatur:

Leonard, D.: Das EG-Handbuch. Frankfurter Allgemeine Zeitung GmbH Informationsdienste, Frankfurt 1989.
Schmuck, O. u. *Schröder, M.*: Der Weg zur Europäischen Union. Reihe Kontrovers der Bundeszentrale für politische Bildung, Bonn 3/1995.

Arbeitsmaterial:

M 1: Der Historiker Imanuel Geiss zu den Ursachen der Wende

„Erst Gorbatschows Reformpolitik ab 1985, die eigentlich das System retten sollte, leitete die Wende ein. Die Weigerung der DDR-Führung, sich den Reformen anzuschließen, besiegelte ihr Schicksal. [...] Mit der Installierung der Regierung Mazowiecki in Polen im September 1989 war die reformunfähige DDR zwischen dem sich reformierenden Osten (Polen, UdSSR) und demokratischen Westen isoliert. Nachdem Ungarn seine Grenze nach Österreich geöffnet hatte und sich ein Flüchtlingsstrom über Ungarn, dann auch über die bundesdeutschen Botschaften in Prag und Warschau, in den Westen ergoß, war die DDR nicht mehr zu retten. Gegenüber den rasch anwachsenden Demonstrationen blieb nur die offene Repression, die ‚chinesische Lösung'. Nach allen historischen Erfahrungen hätte sie den Sturz des Regimes erst recht provoziert, jetzt aber mit einem Blutbad. Das Schreckgespenst des Massakers auf dem ‚Platz des Himmlischen Friedens' trug auf allen Seiten dazu bei, die demokratische Revolution friedlich zu halten: ‚Keine Gewalt!' war ein Motto der Demonstranten, und im letzten Moment scheuten auch die Verantwortlichen des Regimes davor zurück, ein Blutbad unter den Demonstranten anzurichten.
Die Kluft zwischen den pompösen offiziellen Feiern zum 40. Jahrestag der DDR am 7. Oktober 1989 und der Realität brach Honecker politisch das Genick: Der offizielle Staatsgast Gorbatschow schenkte intern dem Politbüro der SED reinen Wein ein und zelebrierte dezent das Bad in der Berliner Menge: ‚Wer zu spät kommt, den bestraft das Leben.' Mit seinem rohen Wort, ‚niemand werde' den Republikflüchtlingen ‚eine Träne nachweinen', schaufelte Honecker sich und seiner DDR selbst das Grab: Unter dem Druck weitergehender friedlicher Montagsdemonstrationen, mit Schwerpunkt in Leipzig, verrieten die Ablösung Honeckers am 18. Oktober 1989 und die Öffnung der Mauer am 9. November nur noch Torschlußpanik, die gleichwohl das Tor zur Einheit öffnete."

M 2: Urteile über die Wende in der DDR

a) Oskar Negt, Professor für Soziologie an der Universität Hannover

„Wenn ich von einer zweiten ‚Besetzung' des Territoriums der DDR, von einer kapitalistischen ‚Kolonialisierung' spreche, dann will ich damit nicht den Eindruck erwecken, als sei das von Anfang an ein einseitiges Zwangsverhältnis gewesen. Die legitimen Bedürfnisse des Volkes der DDR nach einem höheren Lebensniveau, nach demokratischer Selbstbestimmung und einer Lebensumwelt, in der sich die Menschen wieder zu erkennen vermögen, haben den Charakter von Menschenrechten. Diese einzuklagen, gehörte zu dem mächtigsten Ursprungsimpuls des revolutionären Prozesses, an dem weder irgendwelche Parteien noch die Arbeiterschaft einen nennenswerten Führungsanteil hatten. Es waren Menschen, die in der alten Weise nicht mehr leben wollten und dafür auf die Straße gingen.
Aber welche Bedeutung haben noch diese Bürgerinitiativen, die spontanen demokratischen Gruppen, die ursprünglich die elementaren Rechte der Menschen artikulierten, in der heutigen mediengesteuerten Landschaft des alten und neuen Parteienkartells und der sich herausbildenden Regierungsapparaturen? Daß die betriebsamen Anschlußpolitiker (die der SPD dabei nicht ausgenommen) mit ihren Klientelparteien in der DDR zentrale politische Eigeninteressen verfolgten, diese Bürgerinitiativen, welche die wirklichen Probleme der DDR benannten und zu Gegenständen eines öffentlichen Kommunikationsprozesses machten, der schließlich zum Verfall dieses Herrschaftssystems führte, mit aller Macht in die politische Bedeutungslosigkeit zu drängen versuchen, ist ein deutlicher Hinweis darauf, womit es künftig die sozialistische Linke der DDR in einem vereinigten Deutschland zu tun haben wird. Die Entwertung und Entwürdigung der Beratungen und Beschlüsse des ‚Runden Tisches', der ursprünglich doch auch von den Bundestagsparteien gefördert wurde, ist vielleicht das sinnfälligste Symbol dieser beginnenden Kolonialisierung der DDR."

b) Paul Noack, Professor für Politische Wissenschaften am Geschwister-Scholl-Institut der Universität München

„Wenn sich ein Traum als Traum entlarvt, dann in diesen Tagen dieser Traum von der Basis-Demokratie im Nachhall der November-Revolution. Der Bürger der DDR will Freiheit, er will Vertrauen haben können in diejenigen, die er wählt, und er will solche Mandatsträger auch wieder abwählen können. Durchpolitisiert war bisher sein ganzes Leben – er möchte nun nicht mehr Politik, vielleicht für eine Weile sogar etwas weniger. Die direkte Demokratie hat daher in der DDR nicht nur deshalb keine Chance, weil die Parteien der Bundesrepublik begonnen haben, auf diesem neuen Aufmarschfeld ihre Materialschlachten zu führen. Nein, auch die Laborbedingungen des Frühstadiums der Revolution sind nicht wiederherzustellen.
Heute herrschen andere Bedingungen als damals im November ... Das haben inzwischen auch viele Bürgerbewegungen begriffen. Es ist im Wahlkampf nichts mehr vom ‚Demokratischen Aufbruch' und von der ‚Demokratie heute' als unabhängiger Kraft geblieben. Sie haben Anschluß an die Parteien gesucht ... und werden von ihnen möglicherweise aufgesogen, weil sie politisches Profil als Bürgervereinigung verlieren. Dann wird die Revolution tatsächlich ihre Mütter und Väter gefressen haben – aber gescheitert ist sie deswegen dennoch nicht. Die Idee, daß jemand für einen anderen handelt und dennoch frei bleibt, das Ideal der repräsentativen Demokratie, ist Leitmotiv der zukünftigen Entwicklung."

M 3: Karikatur von Pit Flick „Wieviel Vergangenheit darf sein?"

Quelle:

M 1: *Geiss, I.*: Die deutsche Frage 1806–1990, Meyers Forum Bd. 1, Bibliographisches Institut & F.A. Brockhaus AG, Mannheim, 1992, S. 100 f.
M 2a: *Negt, O.*, in: Frankfurter Rundschau vom 17. März 1990.
M 2b: *Noack, P.*, in: Rheinischer Merkur/Christ und Welt vom 16. März 1990.
M 2a: und b zitiert nach: *Maier, G.*: Die Wende in der DDR, Bundeszentrale für politische Bildung, Bonn 1990, S. 35 f.
M 3: *Flick, P.*, in: Mit PZ lernen, Bundeszentrale für politische Bildung, Bonn 1993.

Aufgaben:

1. Erarbeite aus dem Text des Historikers I. Geiss (M 1) Ursachen der Wende in der DDR 1989!
2. Diskutiere, ob der Begriff „Revolution" für die Wende in der DDR berechtigt ist, und zeige den besonderen Charakter des Umbruchs auf!
3. Vergleiche die Urteile über die Wende (M 2)!
4. Diskutiere, ausgehend von der Karikatur (M 3), Probleme des Zusammenwachsens von Ost- und Westdeutschland!

Aufgabe 4: In der Karikatur begegnen sich ein „Jammer-Ossi" und ein „Besser-Wessi" auf einem Drahtseil. Ihre Balancierstangen sind belastet durch Säcke voller Vorurteile und Taschen bzw. Tonnen mit Tatsachen (aus der Vergangenheit). Die beiden haben große Schwierigkeiten, sich auf dem Drahtseil zu halten, eine gemeinsame Richtung scheint noch nicht gefunden.
Die Karikatur erschließt die Vergangenheitsbewältigung als einen Problembereich des Zusammenwachsens von Ost- und Westdeutschland. Die Schüler könnten ausführen, daß die Geschichte der DDR nicht einfach „unter den Tisch gekehrt" werden darf, daß eine Bewältigung der Vergangenheit, auch der Stasi-Vergangenheit,unverzichtbar ist. Die Karikatur verweist aber auch darauf, daß die Last der beiderseitigen Vorurteile, die „Mauer in den Köpfen", alle Prozesse der Annäherung und des Ausgleichs erschwert. In der Diskussion der Problematik des Zusammenwachsens könnten die Schüler weitere Bereiche anreißen, z.B. den Verlust gewohnter Ordnungen und Traditionen im Osten, die Infragestellung überkommener Wertvorstellungen oder auch die wirtschaftlichen Schwierigkeiten mit der Eigentumsfrage, der Abwicklung der DDR-Betriebe, den Umweltlasten oder den Kosten der Einheit.

Bewertungsvorschlag:

Aufgabe	Anteil an der Gesamtzensur
1	20 %
2	20 %
3	30 %
4	30 %

Literatur:

DDR im Umbruch, Praxis Geschichte 2/1990 (Westermann Schulbuchverlag, Braunschweig).
Gebauer, K., Lehmann, M., Paul-Calm, H.: Wir sind das Volk! – DDR 1989 – ein Volk erzwingt Demokratie, Handreichung für den historisch-politischen Unterricht in den Sekundarstufen I und II, Landesinstitut für Schule und Weiterbildung, Soest 1992.
Maier, G.: Die Wende in der DDR, Bundeszentrale für politische Bildung, Bonn 1990.
Priewe, J., Hickel, R.: Der Preis der Einheit, Bilanz und Perspektiven der deutschen Vereinigung, Frankfurt a.M. (Fischer TB) 1991.
Zückert, G. und U.: Eine getrennte Geschichte – Die Bundesrepublik Deutschland und die Deutsche Demokratische Republik 1945/49 bis 1990, Bamberg ^{2}1994.

Lernvoraussetzungen:

Die Materialien und Aufgaben sollen die Schüler zur Auseinandersetzung mit Urteilen über die „Wende" 1989 und den mit ihr verbundenen Problemen des politischen und gesellschaftlichen Zusammenwachsens der beiden Teile Deutschlands veranlassen. Zum Verständnis der Materialien und zur Lösung der Aufgaben sollten die Schüler die Entwicklung der beiden deutschen Staaten bis mindestens zum Jahr 1990 kennengelernt haben. Die Frage nach den Ursachen des Zusammenbruchs der DDR berührt den europäischen und weltpolitischen Kontext. Zum Verständnis des Textes von Imanuel Geiss müßten die Schüler Grundkenntnisse der politischen Entwicklung in Osteuropa unter Gorbatschow haben und die Hinweise auf die Niederschlagung der Demokratiebewegung in China verstehen können. Die Bearbeitung der Aufgabe 2 setzt die Beschäftigung mit dem Begriff „Revolution" voraus. Bei der Diskussion der Problemfrage in Aufgabe 4 sollten die Schüler auch aktuelle Entwicklungen einbeziehen können.

Leistungserwartungen:

Aufgabe 1: Der Text von Imanuel Geiss nennt sicher nicht alle Ursachen der Wende, doch zeigt er einige sich gegenseitig bedingende und verstärkende außen- und innenpolitische Ursachen des Umbruchs auf. Die Rolle Gorbatschows, das Versagen der DDR-Führung und der Druck der Demokratiebewegung in der DDR treten als zentrale Faktoren heraus. Geiss macht den herausragenden Anteil der Reformpolitik und Persönlichkeit Gorbatschows am Umbruch in Osteuropa deutlich. Die DDR-Führung habe den Anschluß an diese Reformpolitik verpaßt und sei so in eine unhaltbare Lage zwischen West und Ost geraten. So wenig wie mit der Politik Gorbatschows habe die DDR-Führung mit der Demokratiebewegung im eigenen Land umzugehen gewußt. Die Maßnahmen hätten Hilflosigkeit verraten, so daß die Führung schließlich von der Massenbewegung nach Westen überrollt worden sei.

Aufgabe 2: Wenn die grundlegende Umwälzung der bestehenden politischen und gesellschaftlichen Verhältnisse als Kriterium für „Revolution" gilt, dann ist die Wende in der DDR sicher als Revolution zu bezeichnen, als welche sie auch von der Bevölkerung empfunden wurde.
Das politische System, die Herrschaft der kleinen SED-Führungsschicht, die sich auf Bespitzelung und Einschüchterung als Herrschaftsmittel stützte, die Bevölkerung bevormundete und sich als reformunfähig erwies, brach völlig zusammen. Vom Umbruch weggefegt wurde auch das Wirtschaftssystem, das ohnehin vor dem Zusammenbruch stand.
Dem Regime gegenüber stand eine Oppositionsbewegung von Basisgruppen und Teilen der Kirche, die die Ideale von Freiheit und Selbstbestimmung vertrat und in der Endphase durch die Bevölkerung bei den Massendemonstrationen unterstützt wurde.
Was die Wende in der DDR von anderen Revolutionen unterscheidet und ihren besonderen Charakter ausmacht, ist die völlige Gewaltfreiheit, mit der sich der Wandel vollzog. Daher charakterisiert der Begriff „friedliche Revolution" treffend die Ereignisse von 1989.
Aufgabe 3: Der Vergleich sollte die gegensätzliche Bewertung des Verlaufs der Wende in der DDR durch Negt und Noack erarbeiten.
Oskar Negt steht der Entwicklung bis Mitte März 1990 äußerst kritisch gegenüber. Die Verwendung der Begriffe „Besetzung, Kolonialisierung, Parteienkartell, Anschlußpolitiker" belegt dies. Negt wirftt den Politikern der westdeutschen Parteien und ihren ostdeutschen „Klientelparteien" vor, die Arbeit der Bürgerinitiativen und Oppositionsgruppen in der DDR entwertet und entwürdigt zu haben. Seiner Vorstellung von einer sinnvollen politischen Entwicklung hätte es entsprochen, wenn die Bürgerinitiativen der ersten Stunde sich weiter hätten entfalten können.
Paul Noack sieht das Ende dieser basisdemokratischen Ansätze dagegen als Befreiung von einer Illusion, die zwar in der Phase der Revolution ihre Berechtigung gehabt habe, nun aber von der politischen Entwicklung überholt worden sei. Noack vertritt klar das Modell der repräsentativen Demokratie westdeutscher Prägung als Ziel des politischen Umgestaltungsprozesses in der DDR.